Tödlicher Strudel

Fünfter Mallorca-Krimi
von Rufus Katzer

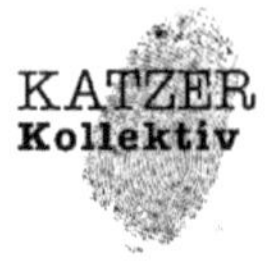

Impressum

Text:	© Rufus Katzer
Umschlag:	© Maike Cronemeyer, Cronemeyer Design
Verlag und Druck:	tredition GmbH Halenreihe 40-44, 22359 Hamburg

ISBN

978-3-7497-3426-9 (Paperback)
978-3-7497-3427-6 (e-Book)

Bibliografische Information der Deutschen Nationalbibliothek:

Die Deutsche Nationalbibliothek verzeichnet diese Publikation in der Deutschen Nationalbibliografie; detaillierte bibliografische Daten sind im Internet über http://dnb.d-nb.de abrufbar.

Widmung

Dieser Krimi ist Juliane Gassert gewidmet. Sie stand mir unermüdlich beim Schreiben mit Kritik und Ermutigung zur Seite. Sie ist hart im Nehmen und hat es geschafft, mich bis zum Schluss im Ring zu halten. Danke.

1.Kapitel

Alles passierte auf einmal. Die Schafe donnerten wie ein Steinschlag herab. Rufus Katzer suchte Deckung beim Landhaus Fartaritx. Seine Hündin wählte den Kampf. Sie wurde von Hütehunden angegriffen. Die Herde erreichte die Halbruine vor Katzer und riss ihn um. Er hörte den Schäfer fluchen. Dann kam der Blackout.

Öhrchen leckte sein Gesicht. Es war kein Erwachen aus einem Albtraum. Eher das Gegenteil. Der Albtraum begann erst nach dem Erwachen.

Er lag vor der Tür der Ruine. Er wusste nicht, wie lange er schon am Boden gelegen hatte. Er wusste gar nichts mehr. Sein Schädel dröhnte.

Er zog die Hündin an sich. Das tat gut. Er fühlte die Bisswunde an ihrer Flanke. Seine Hand war blutig. Er rätselte, ob das Blut von der Hündin oder von ihm stammte. Oder von beiden. Er hatte null Ahnung, was er hier suchte. Der Amo von Fartaritx stand plötzlich über ihm. Sein wettergegerbtes Gesicht war wutverzerrt.

„Was tust Du hier mit einem freilaufenden Köter, verfluchte Pest. . .“ Katzer verstand nur die Hälfte. Der Mann sprach Mallorquin, er nannte ihn einen Gauner und die Bestie hätte seine Herde angegriffen. Ihm schwindelte. Er wollte nur weg und hoffte, alles wäre gleich vorbei. Er entschuldigte sich kleinlaut.

„Ich komme hier öfter vorbei und habe nie jemand gesehen. Völlig einsam. Kein einziges Tier, nur am anderen Ende der Alm das Skelett einer Kuh. Die Hündin ist immer dicht bei mir.“

So menschenleer, wie Katzer vorgab, war es in den letzten Tagen nicht mehr gewesen. Vier Landarbeiter hatten die Halbruine bevölkert und wieder notdürftig hergerichtet. Sie hatten Schlafdecken ausgelegt, Vorräte in die Küche geschafft und gekocht. Der Kamin war in Schuss. Sie hatten immer freundlich gegrüßt und ein paar Worte mit ihm gewechselt. Es hatte keinen gestört, dass ein Hund bei ihm war.

Die Landarbeiter hielten sich raus. Sie hatten alle Hände voll zu tun, die abwärts preschende Herde am Haus vorbei zu leiten. Katzer mochte Schafe. Nur nicht, wenn sie ihn bergab niedertrampelten. Der Amo fluchte weiter. Katzer versuchte, ihn zu beruhigen.

„Ist doch nichts passiert. Ich nehme den Hund jetzt an die Leine. Gleich nach dem Abtrieb gehen wir zurück nach Pollença.“

Der Amo lachte hysterisch. „Nichts passiert, sagt der Kerl. Nichts passiert . . . Und was ist mit der Leiche im Haus, häh? Blutverschmiert. Und diese Wunde stammt bestimmt nicht von deinem Hund. Du bleibst hier, bis die Polizei kommt und rührst dich nicht von der Stelle. Die Guardia ist informiert und im Jeep unterwegs. Wenn du wegläufst, schießen sie.“

Katzer war schwindlig. Sein Kopf zersprang. Er schlang seine Arme um die Hündin und versuchte, aufzustehen. Der Schäfer packte ihn und stieß ihn ins Haus. Etwas war im Weg. Sah aus wie ein Toter. Katzer stolperte und konnte nicht sagen, ob er über diesen Mann am Boden oder über Öhrchen gestürzt war, die ihm zwischen die Beine lief.

Der Schäfer hatte die Tür zugeschlagen und abgeschlossen. Es war ziemlich dunkel. Die kaputten Fenster waren mit Brettern vernagelt und ließen kaum Licht durch. Durch die Löcher im Dach des oberen Stockwerks schien wenig Sonne.

Es roch im Raum wie es aussah. Neben dem Kamin standen Essensreste. Vermutlich noch vom letzten Überfall maurischer Piraten. Daneben eine halbvolle Cola-Flasche als Triumph der Neuzeit. Auf einem uralten Sessel lag ein Hemd, das auf der gammligen Sitzgelegenheit zum Ausruhen lud. Ein Spaten auf dem Sessel ergänzte das Stillleben. Daneben ein Tisch mit einem Strauß blasser Plastikblumen.

Aus dem Kopf des Mannes neben Katzer floss Blut. Ihn hatte es schlimmer erwischt. Sein grotesk verdrehter Arm schien Hilfe zu winken. Das war sein ganzer Beitrag zu ihrem Treffen. Soweit Katzer im Halbdunkel erkennen konnte, zeigte der Spaten auf dem Sessel ebenfalls Blut. Der leblose Mann trug ein kariertes Hemd und Cargohosen. Sein Gesicht war in eine zerknüllte Decke gefallen und nicht zu erkennen.

Katzer hatte keine Lust, den Mann zu berühren oder seinen Puls zu fühlen. Er sah ziemlich tot aus und würde das auch bleiben, bis die Guardia Civil kam. Die würde den Kadaver an die Mordkommission und diese wiederum an einen Forensiker übergeben, der ihn auf der Suche nach der Wahrheit in seine Einzelteile zerlegte. Für manche Menschen ist der Tod der abwechslungsreichste Teil ihres Lebens.

Katzers Lage war beschissen. In wenigen Minuten würden die schwer bewaffneten Gesetzeshüter aus ihrer Kaserne in Port Pollença auftauchen und ihn neben einer noch wenig benutzten Leiche in der gottverlassenen Schlafstelle der Landarbeiter festnehmen. Er tastete nach seiner Sonnenbrille, die ihm runtergefallen war. Er fand sie gleich neben dem Toten und steckte sie in die Tasche.

Draußen herrschte Grabesstille. Das Stampfen der Schafe und das Hundegebell waren vorbei. Gleich würden die schweren Motoren der Guardia in ihren Jeeps zu hören sein. Er ahnte, dass die Raubeine mit Militärdrill nicht zum Plaudern aufgelegt sein würden. Er band die Hündin an einem Tischbein im Nebenraum fest und befahl ihr, nicht zu bellen, selbst wenn die Welt unterginge. Ihr linkes Ohr war halb abgerissen, ein längst verheilter Schaden aus Zeiten vor ihrer Bekanntschaft. Seit ihrer ersten Begegnung waren sie unzertrennlich. „Aus. Still. Keinen

Mucks, Schwester!" Er hörte Bremsen quietschen, Militärstiefel auf Kies und scharfe Befehle.

„Kommen Sie raus mit erhobenen Händen, sonst schießen wir!"

„Geht nicht, die Tür ist verrammelt."

Eine Salve halbautomatischer Waffen sprengte das Schloss. Die Tür flog auf und Katzer stolperte mit den Händen über dem Kopf ins Freie. Die Augustsonne blendete ihn, dennoch verzichtete er darauf, seine Sonnenbrille aufzusetzen. Bloß keine falsche Bewegung. Von beiden Seiten wurden ihm Gewehrläufe in die Rippen gedrückt. „Hände auf den Rücken!"

Er war fast erleichtert, als die Handschellen zuschnappten und er in einen Jeep gestoßen wurde, ohne dass weitere Verluste zu beklagen waren. Die Männer hielten keine schützende Hand über seinen blutenden Kopf, um ihn beim Einsteigen vor neuen Verletzungen zu bewahren. Das Fahrzeug war hoch genug, aber er hatte Mühe, mit gefesselten Händen einzusteigen. Sie stießen ihn rein wie einen Sack Kartoffeln.

Die Eingreiftruppe in ihren schusssicheren Westen raste über Stock und Stein zurück in die Kaserne von Port Pollença. Ein Sanitäter befühlte seinen Schädel und machte Fotos von der Wunde. Er nahm eine Probe von der Kopfverletzung, dann wickelte er einen Verband um den Kopf.

„Nicht so schlimm wie es aussieht. Muss aber genäht und sicherheitshalber geröntgt werden."

Ihm wurde Blut abgenommen, eine Tablette gereicht und die Finger auf ein Stempelkissen gedrückt. Der Ausflug ins Hospital von Inca zeigte einen intakten Schädel, der als Röntgenaufnahme zu seinen Akten kam.

Bevor sie ihn in die Zelle brachten, musste er alle Taschen leeren sowie Schnürsenkel und Gürtel abgeben. Verblüfft stellte er fest, dass es nicht seine eigene Sonnenbrille war, die er eingesteckt hatte. Dennoch kam ihm das Ding bekannt vor. Sie nahmen ihm

Geld, Schlüssel, Papiere und Handy ab, fragten nach seinem Wohnort und ob er alleine lebe.

„Ich teile mein Haus in Pollença mit vier Katzen und einer Hündin, sonst erwartet mich niemand."

Er vermied, zu erwähnen, dass er seine schwarze Rottweiler-Hündin in Fartaritx zurückgelassen hatte. Er hatte Angst, die Uniformierten würden sie erschießen. Mit einem Hund würden sie keine großen Umstände machen. Mit dem Hund eines Verbrechers schon gar nicht.

Für sie war der Fall klar. Er hatte einen Mann umgebracht. Das fiel in die Zuständigkeit der Mordkommission, also der Policia Nacional in Palma. Für die Kampfstiefelträger war das „die Opposition", wie sie die Bürohengste spöttisch nannten. Kaputte Kommissare, die kaputte Leute jagten. Die Kompetenzen waren nicht immer klar getrennt. Die Guardia unterstand sowohl dem Innen- als auch dem Verteidigungsministerium. Für die Policia war nur das Innenministerium zuständig.

Katzer schöpfte Hoffnung. Die Policia Nacional hatte ihn schon einmal aus den Händen der Guardia Civil gerettet. Er nannte den Comisario Caplonch von der Mordkommission sogar seinen Freund. Der hätte sich lieber im Klo verrammelt, als sich freiwillig solche Beleidigung eines alten Reporters anzuhören. Ohne Zeugen hatte Caplonch ihn allerdings mehrfach bei schwierigen Fällen ins Vertrauen gezogen. Inoffiziell natürlich. „Inoffiziell kann ich gut", war Katzers Leitspruch.

Er kannte einige Leute der Mordkommission ganz gut. Isabel, die inzwischen zur Stellvertreterin des Hauptkommissars aufgerückt war, durfte er sogar privat anrufen, obwohl sich ihre beiderseitige Leidenschaft nach vielen Jahren zu einer belastbaren Freundschaft verwandelt hatte. Katzer hielt es jedoch für ratsam, mit seinen guten Beziehungen zur Policia Nacional jetzt nicht anzugeben. In seiner augenblicklichen Lage würde ihm sein Draht zur „Opposition" nur Minuspunkte bringen. Wer von der Guardia mit Handschellen geschmückt worden war, blieb besser bescheiden.

Katzer machte sich größere Sorgen um seine Hündin als um sich selbst. Das Leben eines Tieres war hier nichts wert, während er als in Spanien lebender Resident auch unter Mordverdacht noch alle Vorteile einer langsam arbeitenden Bürokratie genoss, die ihre Mittagspause und den pünktlichen Feierabend zu schätzen wusste.

Die Beschützer von Mallorcas ländlichem Raum und seiner ausufernden Autobahnen verfrachteten ihn in einen kärglichen Verhörraum. Wenige handbeschriftete Ordner deuteten Verachtung für Papierkram an, während ganze Männer in Kampfanzug vom Training zurückkamen. Als einziger Zierrat schmückte in seinem Zimmer ein umrahmter Spruch die Wand „Todo por la patria", alles für das Vaterland. Der Vaterlandsverteidiger vor ihm am Tisch schaltete ein Mikro ein und machte Katzer darauf aufmerksam, dass alle seine Aussagen gegen ihn verwendet werden könnten und ob er einen Anwalt wolle.

Katzer verneinte die Frage nach einem Anwalt. „Brauche keinen. Alles nur ein Missverständnis."

„Was wollten Sie da oben?"

„Ich war wandern und wollte zurück nach Can Hugo. Ich habe bei meinen Ausflügen oft den Weg über Fartaritx genommen. Diesmal bin ich in eine Schafherde geraten. Ich wollte gar nicht ins Haus. Ich war nur drin, weil mich der Schäfer rein geschubst hat. Ging alles verflucht schnell. Ich war geschockt. Total eklig. Da drin lag ein Toter, mit dem Gesicht am Boden. Ehe ich wieder raus konnte, kamen Sie."

„Kannten Sie den Toten?"

„Nö."

„Woher wollen Sie das so genau wissen? Der Tote lag doch mit dem Gesicht am Boden, wie Sie sagten. Kann es nicht doch jemand sein, den Sie kennen?"

Katzer spürte ein unangenehmes Kribbeln im Genick. Wie konnte er einen so blöden Fehler begehen? Jetzt musste er erklären, was nicht zu erklären war. Natürlich konnte der Tote jeder X-beliebige sein. Was er wahrscheinlich auch war. Nur sicher sein konnte er sich dessen nicht. Er hatte ja sein Gesicht nicht sehen können, es sei denn, er war selbst der Täter. Doch die Sonnenbrille, die er bei ihm gefunden hatte, kam ihm bekannt vor. Sehr bekannt sogar. Sie hatte blaue Gläser und trug eine auffällige Verzierung am Rahmen, die unübersehbar war. Ganz anders als die schlichte Ray-ban, die er selber trug und die er am Tatort verloren hatte. Das extravagante Stück, das man bei ihm gefunden hatte, gehörte Paco, dem Skipper.

Paco erzählte jedem, der ihm in die Quere kam, dass er demnächst eine Tauchschule aufmachen wollte. Er war ein guter Scubadiver, ein durchtrainierter Typ, der sein halbes Leben unter Wasser verbracht hatte. Manchmal brachte er Hobbytaucher mit seinem Zodiac zu interessanten Tauchplätzen oder fuhr Touristen zu einsamen Ausflugszielen. Der gelegentliche Transport von Schmuggel- und Diebesgut gehörte zu seinen diskreteren Angelegenheiten.

Spontan fand Katzer es völlig absurd, die Leiche in der Bergalm von Fartaritx mit Paco in Verbindung zu bringen. Paco war in den Strandbars von Mallorca, den Yachthäfen oder nautischen Fachgeschäften zuhause. Schon die Vorstellung von dieser Wasserratte oben in einer vergammelten Bergbehausung hatte was Komisches. Aber selbst die höchsten Berggipfel Mallorcas verbargen ja manchmal Fossilien, die man eher am Grund des Meeres gesucht hätte.

Katzer hielt es für ratsam, nichts über die Besitzverhältnisse der Sonnenbrille zu verlautbaren, die man bei ihm gefunden hatte.

Das hätte nur Missverständnisse geweckt. Bei seiner Vernehmung schloss er kategorisch jede Bekanntschaft mit dem Toten aus. „Ich war höchstens eine Minute mit ihm zusammen. Es war ziemlich dunkel. Erlauben Sie mir einen Blick auf den Toten in der Pathologie, dann haben wir Gewissheit."

„Das Opfer befindet sich derzeit in der Obhut des Gerichtsarztes, Sie werden dagegen erst einmal in unserer Obhut bleiben. Lesen Sie bitte Ihre Aussage durch und unterschreiben sie, wenn alles richtig protokolliert ist."

Katzer las den Text und der Gardist griff zu einem Ungetüm von Stempel, dessen eisernes Gestell vor langer Zeit zerbrochen und mit schwarzem Klebeband wieder zusammengefügt worden war. Auch bei genauem Hinsehen herrschte kein Überfluss bei der Guardia. Das Stempelungetüm machte ein Geräusch wie ein Fallbeil.

Katzer war jeder Sinn für die Komik des Augenblicks verlorengegangen. Zwei Männer führten ihn in eine Arrestzelle, die im Gegensatz zum Verhörzimmer eine Pritsche, ein Klo und ein Handwaschbecken enthielt. Alles war sehr aufgeräumt, aber für einen Mittagsschlaf hätte er mindestens ein oder zwei seiner Fellnasen gebraucht, die ihm schnurrend und mit weichen Flanken Gesellschaft geleistet hätten.

Warum hatte sich Paco der Skipper zum Sterben ausgerechnet das baufällige Fartaritx ausgesucht, das Katzer nur vom Vorbeigehen kannte und dessen Schwelle er nur ein oder zweimal für einen freundlichen Plausch mit den Landarbeitern übertreten hatte. Die Frage bohrte sich wie ein rostiger Nagel in sein Hirn.

2. Kapitel

Eine Woche zuvor.

Der Zodiac war zwölf Meilen durch das unruhige Meer gepflügt, seit er den Yachthafen von Alcudia verlassen hatte. Paco schaltete den Diesel aus. „Hier ist es." Er wischte mit dem Handrücken über sein Gesicht. Es war so breit, dass ein Lkw darauf rangieren konnte.

Das GPS-System zeigte 39 Grad 50 Minuten Nord, sowie 3 Grad 23 Minuten Ost. Das Echolot bestätigte die Ortung. „Genau hier unter uns liegt das Wrack. Wenn das Wasser sich beruhigt hat, könnt ihr es in 50 Meter Tiefe sehen. Ich werfe jetzt den Anker. Dann könnt ihr euch direkt an der Kette runter lassen."

Für einen Anker in 50 Meter Tiefe braucht es ziemlich viel Kette. Mehr als 150 Meter Eisen rasselten durch die Winde. Weit und breit nur das gekräuselte Meer. Ganz in der Ferne ein paar Schiffe. Alcudia war entschwunden - Menorca noch nicht in Sicht.

Katzer war glücklich, die sechs Taucher an Bord des Schlauchbootes begleiten zu dürfen. Jeder von ihnen hatte schon eine erfolgreiche Saison hinter sich. Jetzt hatten sie sich zu einem gemeinsamen Höhepunkt getroffen. Das selten besuchte U-Boot-Wrack war ihr Ziel. Nur die besten Scubadiver waren für dieses Abenteuer bereit und nur der beste Guide der Insel konnte sie so genau zum Ziel bringen. Paco war Fischer wie sein Vater und Großvater. Er war auf dem Wasser zuhause.

Er wurde von seiner Gefährtin Noa assistiert, deren Muskeln nur von ihrer Intelligenz übertroffen wurde. Eigentlich war sie russische Mathematik-Lehrerin und hieß Nonnotschka Matjoschenka. Aber ihren Namen behielten noch weniger Menschen als ihre mathematischen Formeln. So blieb es bei Noa.

Alles an ihr war einfach. Einfach perfekt. Rothaarig, dennoch sonnengebräunt. Eine Frau in atemberaubender Blüte, wie die russischen Matrjoschkas raffiniert ineinander verschachtelt, im Kern nahe der Vollkommenheit. Paco verglich sie gern mit einer Madonna. Sie besaß einen Doktortitel, von dem sie nie Gebrauch machte.

Sie wusste über Paco Bescheid, noch bevor er sie das erste Mal angesprochen hatte. Sie teilte seinen Ehrgeiz, eine Tauchschule zu gründen und war zielstrebig genug, Träume zu verwirklichen. Das Abenteuer des heutigen Tages war ideal, das gemeinsame Vorhaben bekannt zu machen.

Noa gab Katzer eine Art Eimer mit Glasboden. Er blickte durch den Eimer hindurch auf sie, als sei sie in weitem Umkreis das einzig Sehenswerte. Auf der Wasseroberfläche gab es zwischen Alcudia und Menorca jedenfalls nichts Vergleichbares.

Als er den Eimer ins Wasser tauchte, konnte er am sandigen Grund die Umrisse eines stählernen Ungetüms erkennen. Versenkt durch Kanonenschüsse in der Bucht von Alcudia, ruhte die B1, um etwa 15 Grad geneigt, auf ihrer Backbordseite. Ihr Anblick war erschreckend, fast angsteinflößend. Dabei waren die großen Einschusslöcher des Zerstörerbeschusses, der das Boot 1949 bei einer Manöverübung versenkt hatte, am Meeresgrund von so weit oben nicht zu sehen.

„Gib mir auch mal", bat Pacos Freundin und ließ sich den Guckkasten reichen. Sie kannte das Wrack wie ihren Kleiderschrank, aber egal. Sie brauchte einen Vorwand, um ihre Fingerspitzen mit seinen in Kontakt zu bringen. Für eine Madonna reichlich kess, wie Katzer fand.

Gegen das Ausmaß eines Kriegsschiffes war das U-Boot unter ihnen am Meeresgrund vergleichsweise zierlich, aber so allein auf dem Grund wirkte es mit seinen 65 Metern Länge und 6 Metern Breite fast bedrohlich, obwohl ihm die Klappen des

Turms und der Torpedorohre fehlten. Die Öffnungen waren von der Wasseroberfläche nur zu ahnen, zwei am Bug und zwei am Heck. Seitlich am Heck, das verglichen mit einem normalen Kriegsschiff erstaunlich schmal und spitz war, konnte man die Ausgänge der einstigen Propeller erkennen, die nicht mehr vorhanden waren. Der Bug hatte eine Erhöhung, die charakteristisch für U-Boote der Hollandklasse war, wie sie im ersten Viertel des letzten Jahrhunderts gebaut wurden.

„Unser Einsatz heute ist was Besonderes", erklärte Paco. „Dieses Wrack hier unten ist schwer zu finden. Nicht nur, weil es 50 Meter tief liegt. Der Tauchspot ist ziemlich weit von der Küste entfernt. Die beste Zeit ist genau jetzt im Sommer, zur Tagesmitte und bei optimalen Sichtverhältnissen."

Auf Pacos stoppeligem Gesicht machten sich neben ein paar Pickeln Selbstlob und Eitelkeit breit. Er hatte es mal wieder allen gezeigt. Ohne einen Mann wie ihn kam man nicht weit in seiner Welt.

Alle sechs Gäste an Bord neben Katzer waren Cracks mit guter Kondition und großer Erfahrung im Tec-Diving. Tino und Thomeu hatten ebenso viel Erfahrung in ihrem Sport wie Nacho, Rafa, Pepe und Lupo. Sie kannten sich teilweise noch aus der Schule oder seit Jahren durch ihren Sport.

Ihre gemeinsamen Ausflüge hatten sie im Laufe der Jahre zusammengeschweißt. Sie nannten sich ‚la manada', das Rudel. Sie hatten, was den Zusammenhalt der Gruppe betraf, tatsächlich Züge einer wölfischen Familie angenommen, obwohl sie beruflich sehr unterschiedliche Interessen verfolgten.

Tino, Thomeu und Pepe waren außerdem verheiratet, zwei hatten Kinder. Alle waren Draufgänger und trugen Bärte verschiedener Länge und Form. Katzer kannte alle und dachte nicht darüber nach, was ihn von den anderen trennte. Jedenfalls mehr als seine Gewohnheit, sich alle drei Tage zu rasieren.

Hobbysportler tauchen höchstens 20 bis 25 Meter tief, die doppelte Tauchtiefe, die heute angesagt war, setzt extreme Vorsicht, eine besondere Ausrüstung und viel Können voraus. Tino kannte das Wrack bereits und hatte beim ersten Tauchgang im letzten Jahr dort seine Kamera verloren. Er hatte sie nirgends am Wrack wiederfinden können. Diesmal wollte er direkt in das U-Boot hinein, um sich innen umzusehen. Das war gegen die Regeln. Normalerweise vermieden Taucher jede Berührung mit einem gesunkenen Schiffskörper wegen der Verletzungs- und Unfallgefahr.

Katzer konnte die Gefährten bei ihrem Tauchgang mangels Erfahrung nicht begleiten und war auf ihre Erzählungen angewiesen. Sie würden immer zu zweit bleiben und sich gegenseitig nicht aus den Augen lassen. Beim U-Boot selbst konnten sie weniger als 20 Minuten bleiben. Den Rest ihres einstündigen Sauerstoffvorrates benötigten sie für das langsame und kontrollierte Auftauchen. Tino trug wie alle übrigen einen twin tank, eine zweifache Sauerstoffflasche mit Nitrox, ein Atemgasgemisch mit höherem Sauerstoffanteil als normal.

Alle hatten sich mittels V-Planner, einem Computerprogramm, noch einmal genau über die Dekompressionsprofile informiert. Diesen Part checkte Noa gesondert, die zum Zeitvertreib gern in Forschungszeitschriften blätterte wie andere Frauen in Modemagazinen. Der Adrenalinstoß, den die Männer beim Eintauchen mit den Füßen voran ins Wasser produzierten, blieb ungemessen.

Sie rutschten über den dicken Wulst des Zodiac. Einer nach dem anderen ließen sie sich neben der Ankerkette in die Tiefe. Katzer verfolgte die Luftblasen ihrer Atemgeräte. Er ließ seine Hände über Bord in das warme Wasser baumeln. „Angenehme Temperatur um die Jahreszeit", bemerkte er. Paco nickte. „An der Oberfläche hier draußen um die 25°. Aber da unten in 50

Metern Tiefe wird es nie wärmer als 18°. Das Licht reicht nur noch für das Nötigste. Wenn du am Bug des Schiffes bist, siehst du das Heck im Dunkeln verschwinden. Wir nehmen immer starke Lampen mit, von denen jede vier dicke Batterien braucht. Außerdem tragen alle Handschuhe.“

Noch wichtiger als die Lampen war ihr Verstand. Noa hatte ihnen geraten, nach allen acht Metern Tauchtiefe einen Rechentest zu machen, um ihre grauen Zellen zu kontrollieren. Tino atmete wie die übrigen tief und regelmäßig durch das Mundstück. Bei dreißig Metern Tiefe fiel ihm das Rechnen schon schwerer. So etwas kannte Katzer von seinen eigenen Langläufen.

Als sie das Wrack erreichten, bemerkten alle schon die ersten Anzeichen eines Tiefenrausches. Du hast das Gefühl, ein Glas Sekt zu schnell getrunken zu haben und nimmst alles nicht mehr so ernst. Ihr inneres Warnlämpchen leuchtete. „Sei auf der Hut, Alter, du weißt, was du zu tun hast.“

Die Begegnung mit der Geschichte geschah unvermittelt. Der stählerne Leib der B1 hatte sich in den fast 70 Jahren unter Wasser grün gefärbt. Am sandigen Meeresboden befanden sich kaum Pflanzen. Auch das Schiff war wenig bewachsen, aber dennoch von Fischen umschwärmt.

Paco selbst war vor zwei Tagen mit Noa unten gewesen, um von außen die Möglichkeiten eines Einstiegs in das Wrack zu erkunden. Er hatte seinen alten Neoprenanzug getragen, der ihm schon an der Todesküste von Galicien als Sammler von Entenmuscheln gedient hatte. Das waren Zeiten, an die er nicht mehr denken wollte. Er hatte festgestellt, dass man mit den Sauerstoffflaschen auf dem Rücken in die B1 hineinkonnte, weil die Mine eines Zerstörers ein ziemlich großes Loch gerissen hatte. Man musste dafür den engen Turmeingang meiden und stattdessen eine aufgerissene Öffnung seitlich vom Turm als Eingang nehmen.

Katzer schauderte bei dem Gedanken an die pechschwarze Finsternis, die den Taucher im Innern des Wracks erwartete. Verglichen mit den rabenschwarzen Legenden, die die B1 umrankten, war jedoch die gegenwärtige Dunkelheit im Inneren des Schiffes noch das geringste Grauen, das den Stahlsarg umgab. Der Fluch der Schachtel hing mit ihrer düsteren Geschichte zusammen.

Tino und sein Begleiter Thomeu zögerten einen Moment und studierten das ausgezackte Loch in der Stahlwand. Sie atmeten schneller und schauten den Luftblasen nach, die nach oben stiegen. Ein kleiner Schwarm silberner Fische huschte vor ihnen in das Wrack. Die beiden folgten ihnen mit langsamen Pendelschlägen ihrer Beine. Sie drangen in den Gang mit den Schlafnischen vor bis zu einem Raum, der den Funker beherbergt hatte. Hier versperrten herausgerissene Rohre und Wände das Weiterkommen.

Sie wendeten behutsam und schwammen zum Eingangsloch zurück. Das beklemmende Gefühl, einer Konservendose entkommen zu sein, wich nur langsam. Tino schwamm außen am Schiff entlang zum Bug. Er und sein Begleiter begegneten den vier Gefährten, die von der anderen Seite um das Wrack kamen. Vorne unterhalb des Bugs war ein weiteres Einschussloch. Tino und Thomeu wagten einen zweiten Vorstoß ins Innere.

Wer jemals ein U-Boot besucht hat, wird niemals die beklemmende Enge vergessen, die ihn umfing. Das ist vergleichsweise gemütlich gegen die Panik in einer tödlichen Tube, der sich der Besucher eines gefluteten Tauchschiffs aussetzt.

Die beiden Freunde drangen zu einer winzigen Kammer vor, die nicht mehr Platz bot als ein begehbarer Kleiderschrank. Ein Mann hätte darin nur im Sitzen arbeiten können. Sie versuchten, sich die Reagenzgläser, Bunsenbrenner und Mikroskope vorzustellen, die hier benutzt worden waren. War es möglich, dass hier ein Wissenschaftler an einem tödlichen Virus geforscht hat, der die Welt in Angst und Schrecken versetzen sollte? Das hatte Paco, ihr Skipper, jedenfalls behauptet. Sie waren sich nicht mehr sicher, ob ihre Atemgeräusche von ihren eigenen Geräten kamen oder ob das Schiff atmete. Vermutlich eine Folge des Tiefenrausches.

Tino griff in eine Palette auf dem Pult vor ihm. Dann blickte er über die Schulter zu Thomeu, der energisch mit der Stablampe winkte, wieder mit ihm ins Freie zu schwimmen. Er füllte eine Ampulle mit Wasser und verschloss sie sorgfältig. Da er beide Hände benutzte, hatte offenbar Thomeu für diese Szene die Kamera übernommen.

Vor ihm löste sich etwas aus dem Wirrwarr und driftete ziellos davon. Wahrscheinlich ein aufgeschreckter Fisch, den er nicht mehr mit seinem Lichtkegel erfassen konnte, weil er sich zu Thomeu gedreht hatte, um ihm zu folgen. Er ließ die ganze Zeit seine neue Kamera laufen in der Hoffnung, das dritte Auge würde mehr entdecken, als sein natürliches Sehvermögen erlaubte.

Die endlose Stille der Tiefe lastete bleischwer auf ihnen. Das rhythmische Geräusch ihrer Atemgeräte verstärkte das Gefühl der Abgeschnittenheit von der Außenwelt mit ihrem Himmel voller Flugzeuge, Vögel und Insekten.

Tino blickte auf die Uhr. Sie waren jetzt schon 17 Minuten beim Wrack, plus zwei Minute Tauchzeit, die sie bis zum Ziel unten am Meeresgrund benötigt hatten. Er signalisierte seinem Partner mit ausgestreckten Fingern, dass sie noch zwei Minuten bis zum Auftauchen hatten. Thomeu nickte. Hier unten gingen die Uhren anders. Der stählerne Leib am Meeresgrund lud ein, das Ende aller Tage mit ihm und seinem Gekröse von Stahlrohren, aufgerissenen Flanken und kreuzenden Fischschwärmen zu verbringen. Das vergangene Jahrhundert war nur der Anfang seines Mythos.

Der Skipper hatte sich jahrelang mit der Geschichte der B1 vertraut gemacht, so weit das möglich war. Wahrscheinlich war vieles Seemannsgarn, aber von den Männern der ehemaligen Besatzung lebte kein einziger mehr, der die Tatsachen zurechtrücken konnte. In den Archiven der spanischen Marine war auffällig wenig zu finden und die wenigen überlebenden Zeitgenossen kannten das meiste auch nur vom Hörensagen. Schließlich war die B1 Teilnehmer eines Bürgerkrieges.

„Und die Geschichte eines Krieges wird immer von den Siegern geschrieben. Kapitän Caplonch – der Patrón, wie ihn seine Männer liebevoll nannten - wurde von den Faschisten 1939 nach der Übergabe des Kriegshafens Mahon erschossen.“

Paco quatschte weiter auf Katzer ein. Endlich hatte er einen, der ihm zuhören musste. Tino und die anderen da unten kannten ihn schon ewig, aber sie hatten noch einen weiten Weg nach oben und konnten seinen Sermon nicht stören. Dieses U-Boot ließ ihn nicht los.

„Warum tragen Schiffe einen Namen und U-Boote nur eine Nummer?“

Katzer zuckte mit den Schultern.

„Die meisten Schiffe sind weiblich, die Braut der Matrosen auf See. U-Boote sind bloß Maschinen, ein neues Zeitalter einer neuen Generation.“ Der Skipper redete sich in Fahrt.

“Der Patrón der B1 war was Besonderes. Schrot und Korn aus dem Volk. Bei den neuen Waffengattungen der U-Boote und der Flieger hatte der Adel nichts mehr verloren. Hier zählten nur Fortschritt, Technik und Können.“ Für einen Mann wie Paco war die Verachtung der Herrschenden so selbstverständlich wie schwarzer Kaffee zum Frühstück. Seine russische Freundin nickte und strich sich ein paar ihrer roten Locken aus der Stirn.

Paco nahm seine Sonnenbrille von der Knubbelnase und putzte die blauen Gläser von Spritzern frei. „Der Patrón war im Hafen von Mahon beliebter als Fisch und Chips, das die Briten eingeführt hatten. Jeder kannte ihn. Ein echter Promi. Er hatte im Marokko-Krieg mit seinen Männern an mehreren Kampfeinsätzen teilgenommen und vielen Menschen das Leben gerettet. Das vergaßen ihm die einfachen Leute nie. Und sein Dutzend Männer hat er immer heil nach Hause gebracht. Leute im Krieg verheizen kann jeder. Menschenleben retten ist was Bleibendes."

Katzer stimmte ihm zu. Paco war nicht mehr zu bremsen.

„Der Felsen von Vélez de la Gomera in Afrikas dahinten" - Paco zeigte irgendwo Richtung Menorca und Gibraltar - „wurde damals von marokkanischen Truppen belagert. Zahlreiche spanische Zivilisten waren eingeschlossen. Sie bangten um ihr Leben."

Um ihm nicht die Laune zu verderben, sagte Katzer nichts. Ihm stand nicht der Sinn nach patriotischen Erinnerungen. Paco hatte sich warmgeredet, da war nichts zu machen.

„Die spanische Armada startete mit der neuen Unterwasserflotte eine Rettungsaktion. Die U-Boote Peral der Klasse 0 und die B1, beide kurz vorher in Betrieb genommen, nahmen Kurs auf Melilla. Im Schutz der Dunkelheit näherten sie sich dem belagerten Felsen. Das Kriegsschiff España, das die geretteten Zivilisten aufs spanische Festland bringen sollte, begleitete sie."

Der quatscht wie ein aufgezogen, dachte Katzer genervt. Wer hat Dir das eingetrichtert? Das war nicht Paco, der Fischer und Skipper, den er kannte. Er murmelte maulfaul.

„Lange her."

„Die beiden U-Boote näherten sich der Bucht des Ortes. Nahe der kleinen Mole begannen sie im Schutz der Dunkelheit die Evakuierung. Ein Beiboot der España brachte die Menschen zu den U-Booten. Nachts um 1 Uhr riss plötzlich der Himmel auf und der Mond leuchtete hell."

Katzer, der gegen die Sonne blinzelte, hatte Probleme, sich den Mond vorzustellen. Mit zusammengekniffenen Augen ließ er Pacos Gequassel über sich ergehen. Der fuhr ungerührt fort.

„Die marokkanischen Belagerer eröffneten das Feuer auf die Flüchtenden und die U-Boote. Der Turm der B1 wurde mehrfach von Gewehrkugeln getroffen, aber niemand kam zu Schaden. Kapitän Caplonch harrte persönlich auf dem Turm zwischen den Querschlägern aus, bis 80 Personen gerettet waren."

„Wahrscheinlich waren die Querschläger weniger gefährlich als das Gedrängel im U-Boot", witzelte Katzer. Paco ließ sich nicht beirren. Widerwillig begriff Katzer, worauf er hinaus wollte.

„Nachdem die Geretteten auf die España umgestiegen waren, startete die B1 eine zweite Aktion, bei der nochmals 37 Menschen gerettet wurden. Der gesamte Einsatz war ein voller Erfolg und die Mannschaften wurden mit der damals höchsten Auszeichnung, der Medaille der Marine, geehrt. Die B1 und andere U-Boote brachten noch oft unter Beschuss Trinkwasser zu verschiedenen besetzten Gebieten im Norden. Die B1 wurde oft von der Küste aus beschossen, ohne dass die Mannschaft Opfer zu beklagen hatte."

Noa, die ihren Partner kannte, spendete spöttisch Applaus. Sie wusste, wann Widerspruch sinnlos war. Der Skipper war endlich am Ziel seiner Tiraden.

„Die meisten Männer und ihr Patrón gewöhnten sich daran, unsterblich zu sein und lernten ihre Beschützerrolle zu lieben. Folgerichtig weigerten sie sich zehn Jahre später im Bürgerkrieg, Schiffe anzugreifen, wenn dabei das Leben von Zivilisten auf dem Spiel stand. Die ständige Diskussion um gute Befehle und schlechte Befehle minderte die Kampfkraft der anarchischen U-Boot-Mannschaften erheblich."

„Hört, hört," höhnte Katzer.

„Für die Erfindung der Mayonnaise haben die Bewohner des Kriegshafens Mahon sicher mehr Weltrum erlangt als für die Heldentaten ihrer U-Boote", stimmte Paco der lockeren Stimmung im Boot bei.

„Dabei wurde dieser Fraß nur aus der Not einer langjährigen Besatzung der Franzosen gegen die Briten geboren, die auf Menorca um die Macht kämpften." Paco lachte, dass seine behaarte Brust bebte. Als galicischer Fischer war er mit pikanteren Gaumenfreuden aufgewachsen als mit Mayonnaise.

Ganz der Alte blickte er auf die Luftblasen und auf seine Uhr. „Die Jungs müssten inzwischen unten am Stahlsarg angekommen sein. Alles easy heute. Anders als an der Costa da Morte in Galicien, da hatten wir oft Wellen bis 2 Meter, die an die Klippen schlugen, an denen die Entenmuscheln wachsen. Rasiermesserscharfe Klippen, verstehst Du? Ich musste mich an die Felsen klammern, wenn ich selbst das Zeug mit dem Stemmeisen los gekratzt habe. Jedes Jahr gehen ein paar von uns Fischern dabei drauf."

Noa warf ihm eine Packung Zigaretten rüber und lachte. „Wir leben noch und es geht uns jeden Tag besser." Paco fing die Schachtel und zündete sich trotz Wind einen Glimmstengel an.

„Ich habe mich oft gefragt, warum Francos Admiräle den lecken Kahn 1949 von seinem letzten Standort bis in die Bucht von Alcudia geschleppt haben, um ihn hier bei einem Manöverschießen zu versenken. Was für ein Umstand. Ein absurdes Theater, wenn du mich fragst."

Katzer versuchte, sich das Getöse in der idyllischen Umgebung vorzustellen.

„Sie haben das U-Boot im Schlepp aufs offene Meer gezogen, um ein Zielschießen zu veranstalten."

Paco runzelte die Stirn.

„Es muss ein Geheimnis um dieses Ding geben. Etwas, was nur von Mund zu Mund weitergegeben wird. Wo ist dieser Wissenschaftler geblieben, der bis Kriegsende an Bord der B1 war, obwohl er nicht zur Mannschaft gehörte?"

Er entschuldigte sich. Seine Aufmerksamkeit war jetzt voll auf das Geschehen in der Tiefe gerichtet. Einer der Taucher hatte ein Bergseils mitgenommen, das im Zodiac mit einer Glocke verknüpft war. Im Notfall sollte damit ein Signal gegeben werden. Paco hätte dann die Küstenwache alarmieren können. Genaueres war nicht abgesprochen worden. Dabei wussten alle, dass sie im Ernstfall nur ihren Partner zur Hilfe hatten. Bei ihrem Einsatz entschieden manchmal Sekunden über Leben und Tod. Katzer konnte sich keinen Teil der Erde von Sibirien über den Himalaja bis zum Amazonas vorstellen, wo man von der Menschheit so abgeschnitten war wie da unten.

Von dieser Dramatik war auf dem sonnenbeschienenen Meeresspiegel nichts zu spüren.

Einer nach dem anderen tauchten die Freunde wieder an der Oberfläche auf und schoben ihre Tauchmasken auf die Stirn. Erst kamen Nacho und Rafa, dann Lupo und Pepe. Als letzte erschienen Tino und Thomeu. Paco half ihnen an Bord des geräumigen Zodiac. Das Wasser perlte von ihren Anzügen. Noa und Katzer gingen beim Abschnallen der Tauchgeräte zur Hand. Gesprächig war keiner der Rückkehrer, obwohl die an Bord Zurückgebliebenen alles versuchten, sie aus ihrer Reserve zu locken. Die Zufriedenheit der Männer wurde überlagert von grenzenloser Erschöpfung. Auf Katzers Frage „wie war's?" bekam er die Antwort:

„Nass und kalt."

Das entsprach ganz und gar nicht Katzers eigener Erfahrung, der mit Anzug und Brille im Wasser nie das Gefühl von Nässe gehabt hatte. Aber er hatte auch nie ein U-Boot besucht.

Alle zogen sich Pullover und Trainingszeug über. Ihr Kältegefühl kam wahrscheinlich von innen. Ihre Schutzanzüge bewahrten die Körpertemperatur auch im tiefen Wasser sehr gut. Jetzt brannte die Sonne, allerdings war zusammen mit einigen Wolken eine frische Brise aufgekommen. Sie beeinträchtigte das Tempo des Zodiac, der Fahrt aufgenommen hatte, nicht. Paco sah sich unter seinen Fahrgästen um: „Bier oder Wein?" Alle entschieden sich für Bier. Noa reichte die Flaschen aus der Kühltasche weiter. Katzer schloss sich der Mehrheit an, um mit einem Cervesa die Rückfahrt nach Alcudia zu verkürzen. Paco gab Gas und grummelte zufrieden: „Damit gehen wir in die Geschichte des Tauchsports ein."

Er sollte recht behalten. Nur anders, als er dachte.

Katzer tippte mit seiner Flasche an Pacos Bier. „Was hat dich eigentlich von Galicien nach Mallorca verschlagen? Ihr Nordlichter werdet doch gewöhnlich vom Meer geschluckt oder in der Heimatscholle verbuddelt."

„Unsere Heimatverbundenheit wird stark übertrieben. Am meisten von uns selbst. Galicien liegt am Arsch der Welt. Nicht umsonst heißt ein Teil unserer Küste „Finisterra", das Ende der Welt."

„Na ja, damals hat man die Erde noch für eine Scheibe gehalten."

„Es war ein brutaler Überlebenskampf am Rand einer Gesellschaft, die sich gegen den Rest der Welt verschworen hat. Vom Klima und unserer Mentalität her sind wir Kelten wie die Iren und Schotten. Kalt, nass und grün. Unsere Lieder und Instrumente sind keltisch – Dudelsack, Harfe und Drehleier. Wenn ich tot bin, sollen sie Carlos Nunez mit seiner gaita an meinem Grab spielen."

Noa blickte mit gespieltem Ernst zu ihm auf.

„Versprochen."

Katzer dachte an den alten Friedhof in Pollença, wo sie beide wohnten. Den hatte er vor 30 Jahren bei seinem ersten Mallorca-Besuch kennen gelernt. Damals bevölkerten unzählige Katzen die Gräber und bettelten um Futter. Die Toten störte das so wenig wie die kitschigen Statuen und Inschriften. Der Kampf um Nahrung war kein Thema mehr für sie.

„Mein bester Freund wurde von einer Welle vom Felsen gerissen. Am nächsten Tag fanden wir ihn mit dem Gesicht im Wasser einen halben Kilometer weiter weg an der Küste. Für mich kein Grund, aufzugeben."

„Nein, der Grund war ich," meldete sich Noa zu Wort und zog mit einem Fettstift die Lippen ihres ausdrucksvollen Mundes nach. „Ich war ohnehin heimatlos. Aber ich bin nicht aus Russland abgehauen, um in Spanien das gleiche Scheißwetter zu erleben, die gleiche Armut und die gleiche Rechtlosigkeit. Der Höhepunkt kam dann mit dem Untergang des Tankschiffs „Prestige" im Winter 2002 vor unserer Küste."

„Das war euer Tschernobyl, nur ohne Atommeiler."

„Der Tanker ist mit 77000 Litern Rohöl vor der Küste abgesoffen und hat die schwerste Ölpest in Westeuropa ausgelöst. 250.000 Seevögel starben. Wir haben monatelang versucht, Vögel zu waschen und Ölklumpen von den Felsen zu kratzen. Wir haben von dem gelebt, was der Staat an Notprogrammen spendiert hat. Die Habenichtse haben die Küste geschrubbt, die Betuchten sind ins Polarmeer vorgestoßen, um schwarzen Dorsch zu wildern."

Paco steuerte den Zodiac in einen gammeligen Schuppen am Hafen von Alcudia. Der Mittvierziger sah auf einmal alt aus.

„Unsere Entenmuscheln waren jetzt ungenießbar. Die besten Percebes der Welt. Nur an den Klippen Galiciens gedeihen sie richtig, wo sie ums Überleben kämpfen wie wir. Wenn sie zu leicht und schnell wachsen, taugen sie nichts. Bei uns schmecken sie nach reinem Meer und nach dem frischen Wind, der die Wellen vor den Küsten peitscht. Besser als Austern. Gourmets essen sie in Meerwasser gekocht und mit kühlem Weißwein, wir Fischer manchmal auch roh. Man bricht die ledrige Hülle der Percebes auf und zieht das zarte Fleisch raus, das in den Fasern an Venusmuscheln erinnert."

Paco leckte sich schwärmerisch die Lippen. „Wir Percebeiros arbeiten immer angeseilt zwischen den Steilklippen, wo man in der Brandung die besten Exemplare findet. Kurz und dick müssen sie sein wie der große Zeh am Fuß eines Fischers. Die langen dünnen aus ruhigen Buchten kannst du vergessen."

Katzer versuchte, sich den vierschrötigen Paco als Gourmet in einem Feinschmeckerlokal vorzustellen. Die Benutzung von Messer und Gabel war ihm vermutlich weniger vertraut als die Arbeit mit einer Spleißnadel am Netz.

„Ein Percebeiro verdient keine 1000 Euro im Monat. Meist weniger. Ich habe mit illegalem Tauchen etwas dazu verdient und noch Seeigel und andere Delikatessen für die Restaurants geholt. Alles verboten, selbst Entenmuscheln sammeln war auf 5 Kilo am Tag begrenzt. Wenn du täglich dein Leben riskierst, scheißt du auf alle Gesetze. Pah! Am Tankerunglück waren viele Schuld, die das Schiff in Seenot nicht retten wollten, um ihren Hafen nicht dreckig zu machen. Der Kapitän hat jetzt nach einer Ewigkeit gerade zwei Jahre Haft bekommen."

Katzer schaute überrascht hoch. „Woher weißt du das?"

„Ich höre viel. Ich arbeite manchmal für eine Versicherung in Barcelona als Ermittler. Die brauchen Leute mit Verbindungen. Echte Verbindungen, das gibt's nur, wenn du zur Familie gehörst und am gleichen Seil gehangen hast."

Katzers Reporterinstinkt war plötzlich wach, Ruhestand hin oder her. Pacos Hochstimmung nach dem glücklichen Tauchgang war zu kostbar, um sie ungenutzt zu lassen. „Was ist das für eine Gesellschaft?"

„Schon mal was von der ‚Global Risk Overseas‘ gehört? Die hat ihr Büro im Zentrum von Barcelona. Man erfährt da so einiges, und wenn man brauchbare Informationen hat, zahlen sie gut.“

„Du arbeitest als Versicherungsdetektiv? Ich dachte, du bist Skipper und Tauchlehrer.“

„Leben und leben lassen,“ lachte Noa. „Die Tauchschule ist unser gemeinsames Baby im Werden. Ihr kriegt eine Einladung, wenn wir die Taufe feiern.“

„Feiern wir doch in unserer B1“, johlte der nie um einen Spaß verlegene Lupo. „Paco, im Ernst – du rüstest das Wrack zu einem chiringito um. Zu einer angesagten Strandbar. „Pacos Submarine Pub“ kann keiner widerstehen.“

Noa sammelte die Bierflaschen ein und alle halfen, den Zodiac am Steg des Schuppens zu vertäuen. Katzer war gern in Alcudia, dass innerhalb der dicken Stadtmauern und im Hafen so behäbig und selbstbewusst daherkam wie vor dem Aufkommen des Fremdenverkehrs. Doch seine Reportergene waren schon zu sehr in Aufruhr, als dass er die gewitzte Noa mit ihrem Ablenkungsmanöver so einfach davonkommen ließ. Auch wenn sie sich wie eine Qualle zwischen den kantigen Paco und Katzers Klärungsbedarf zu legen versuchte, wollte er fortfahren, den Dingen auf den Grund zu gehen. Er lud die ganze Runde mit so viel Nachdruck in sein kleines Lieblingslokal im Schutz der Stadtmauer ein, dass keiner ablehnen konnte.

„So können wir nicht einfach auseinandergehen. Um früh zu sterben, ist es eh zu spät. Wir müssen das jetzt durchstehen.“

Er hatte die Lacher auf seiner Seite und ließ die Wirtin den heimischen Roten des Hauses bringen. Sie öffnete eine Flasche, ließ ihn am Korken riechen und er bestellte nickend gleich noch eine zweite. „Salut, meine Freunde! Den müsst ihr probiert haben!“

Katzer fragte sich, wie und wann der rührige Paco an die Geschichte vom U-Boot-Wrack gekommen war, die er jetzt offenbar zu Geld machen wollte. Er arbeitete offenbar verdeckt für eine Marineversicherung. Sein Kapital war das keltische Blut, das ihn über Generationen mit den galicischen Reedern verband.

Katzer beschloss, den Stier bei den Hörnern zu packen. „Paco, Hand aufs Herz, gibt es irgendeine Verbindung zwischen der galicischen Mafia und unserem Wrack, das wir heute besucht haben?"

Es war, als hätte er eine fremde Wohnung betreten, ohne anzuklopfen.

Paco verschluckte sich am Wein und rang nach Luft. Noa warf Katzer einen giftigen Blick zu: "Hör auf zu scherzen, du verdirbst uns die Stimmung."

Die aufgerissenen Augen von Pepe, Jago, Lupo und Nacho verrieten das Gegenteil. Tino und Thomeu, die sich in das Innere des Wracks vorgewagt hatten, stellten sich an die Spitze des Rudels. „Ob wir heute Spuren des geheimnisvollen Fremden in der B1 gefunden haben, wissen wir nicht. Nach sorgfältiger Prüfung aller Umstände können wir es aber nicht ausschließen."

Paco nickte. Der geheimnisvolle Fremde. Immer wieder hatten die Leute, die etwas über die B1 zu wissen glaubten, von ihm gesprochen. Paco hatte überall nach ihm rumgefragt, selbst unter galicischen Fischern, deren Verbindung angeblich bis zurück zum Fliegenden Holländer reichten. Ein geheimnisvoller Fremder sei der verschworenen Crew der B1, die zusammengehalten hatte wie Pech und Schwefel, aufgedrückt worden. Keiner der Matrosen kannte oder mochte ihn. Niemand wusste genau, was er machte.

Sie hatten ihm unwillig zwei Quadratmeter ihres ohnehin knappen Raumes abgetreten und mit einer verschließbaren Tür gesichert, wie er verlangt hatte. Niemals durfte hier Tageslicht eindringen. Das war die eine Erklärung, weshalb der Wissenschaftler sein Labor in einem U-Boot bekam. Eine andere Version für die merkwürdige Einrichtung besagte, dass während des Bürgerkrieges ein Raum benötigt wurde, der höchsten Sicherheitsansprüchen genügte. Und der notfalls schnell und unauffällig im Fall eines Angriffs verlegt werden konnte.

Anfangs hatte der Fremde versucht, durch übertriebene Höflichkeit allen Mannschaftsmitgliedern jede Angriffsfläche zu nehmen. Sie benahmen sich so, als ob er gar nicht vorhanden wäre. Sie grüßen ihn nicht, entschuldigten sich nicht, wenn sie ihn anrempelten und stellten ihm kommentarlos sein Essen und Trinken hin, wenn es Zeit war. Bald stellte er seinerseits alle Versuche der Kommunikation ein, lediglich mit dem Patrón und dem Funker wechselte er gelegentlich ein paar Worte.

Die Crew fand heraus, dass niemand in ihrem Heimathafen Mahon den Fremden zu kennen schien. Irgendwann wurde er so selbstverständlich an Bord wie jede beliebige Marotte, die sich der eine oder andere auf ihrem U-Boot leistete. Der Maschinist hielt sich eine weiße Ratte, ein Torpedo-Maat fütterte in einer Schachtel ein Kakerlakenpärchen, warum sollte der Kapitän sich nicht einen bescheuerten Forscher halten.

Über das Ziel seiner Forschung kursierten die wildesten Gerüchte. Gewinnung künstlicher Nahrung aus Meerwasser war eine Version. Ewige Jugend eine andere. Eine tödliche Bio-Waffe zur Vernichtung aller Feinde war die glaubwürdigste Variante und kam Pacos Theorie über die Erfindung der Mayonnaise recht nahe.

In einem Punkt stimmten die Gerüchte allerdings fast alle überein. Paco behauptete, dass der undurchsichtige Wissenschaftler aus Galicien stammte, der Heimatregion von General Franco, die sich von Anfang an gegen die Republik gestellt hatte und mit den Faschisten gegen das verhasste Spanien der Republik kämpfte. In Pacos Geburtsstadt Ribeira hat das Bezirksamt noch heute seinen Sitz in der Avenida de Generalissimo Franco.

3. Kapitel

Wenige Tage nach dem Tauchausflug klagte Tino über heftige Gleichgewichtsstörungen und Atemnot. Der Anfall war so bedrohlich, dass der aufgesuchte Arzt zunächst einen Schlaganfall vermutete und ihn sofort in die Klinik überwies. Die Symptome verschlimmerten sich. Bald brauchte Tino eine Sauerstoffmaske, um nicht zu ersticken. Er wurde auf der Intensivstation isoliert. Mehr und mehr Spezialisten interessierten sich für seinen merkwürdigen Fall. Währenddessen wurde er auf Lungenentzündung behandelt, ohne dass eine Besserung zu erkennen war.

Beim Rudel herrschte blankes Entsetzen.

„Hast Du was Neues?"

„Niemand sonst von unseren Bekannten ist krank."

„Was haben wir falsch gemacht?"

Innerhalb einer Woche musste Tino künstlich ernährt werden, dann fiel er ins Koma. Die Klinik schloss ihn an ein Herz-Lungen-Gerät, um ihn am Leben zu erhalten und eine plausible Erklärung für seinen letalen Zustand zu finden. Man fand einen unbekannten Virus. Die Mediziner reagierten alarmiert und ratlos. Der Alarm steigerte sich zum Ausnahmezustand, als ein paar Tage später ein weiterer Fall bekannt wurde, gerade nachdem Tino für tot erklärt worden war.

Katzer erfuhr es von Paco, der es von Noa gehört hatte, die es wiederum von den Ehefrauen der Betroffenen wusste. Drei Tage nach Tino hatte auch Thomeu die Klinik aufsuchen müssen. Das gleiche Bild – Atemnot, heftige Gleichgewichtsstörungen und ständige Übelkeit. Es ging alles sehr schnell. Thomeu wurde in ein künstliches Koma versetzt und überlebte Tino bis auf weiteres, ohne dass jemand sagen konnte, wie lange er durchhalten würde.

Die Obduktion des Verstorbenen brachte den Medizinern nicht die erhoffte Klarheit, sondern versetzte sie in Panik. Die Lunge und andere lebenswichtige Organe des Athleten hatten sich teilweise aufgelöst. Der Befund wurde bis auf weiteres geheim gehalten. Als offizielle Todesursache wurde ein Lungenödem angegeben, verursacht durch unsachgemäßes Auftauchen aus 50 Metern Tiefe. Die Behörden erklärten, dass die erlaubte Tauchtiefe im vorliegenden Fall um zehn Meter überschritten worden sei.

Bei den überlebenden Gefährten des Tauchabenteuers sowie ihren Begleitern löste die Nachricht Schock und Verwirrung aus. Von den vier anderen, die ebenfalls unten gewesen waren, fragte sich jeder, wer der nächste sein könnte. Alle waren sich sicher, dass der plötzliche Tod Tinos und der entsetzliche Zustand von Thomeu mit dem Besuch im Inneren des Wracks zu tun hatte.

Paco schmiss sich in seinen alten Seat Transporter und klapperte alle Bekannten ab, mit denen er über das Wrack gesprochen hatte. Beim Einsteigen bemerkte er, dass er seine TÜV-Plakette noch immer nicht erneuert hatte und schickte ein Stoßgebet in den seit Wochen blauen Himmel, er möge in keine Kontrolle kommen.

Bei den meisten seiner Kumpels stieß Paco auf Kopfschütteln und Achselzucken. Von einem erfahrenen Bootsmann in Sóller bekam er nur Vorwürfe zu hören: „Ich habe dir gleich gesagt, lass die Finger von dem Wrack. Was das Meer genommen hat, gehört dem Meer. Da hat niemand von uns was verloren."

Die Warnungen vor einer Gefahr hörten sich jetzt nach dem Unglück viel konkreter an als vorher. Paco fragte sich, wie er manche Hinweise auf den geheimnisvollen Fremdling innerhalb des U-Bootes hatte überhören können. Hatte er wirklich nur halb zugehört oder hatten die angeblichen Wissensträger über das Wrack nach den aktuellen Ereignissen erfundene Details hinzugedichtet, um sich interessant zu machen? Jedenfalls war das Wirken eines zweifelhaften Wissenschaftlers plötzlich viel konkreter und seine Gestalt viel realer geworden. Angeblich hatte der sogar nach dem Bürgerkrieg Karriere gemacht und sei, vom Regime streng abgeschirmt, an einer spanischen Universität mit einem eigenen Forschungsauftrag beauftragt worden.

Im Hafen von Sóller genehmigte sich Paco einen doppelten Espresso, kramte sein Handy aus den Cargopants und rief Noa an. Er traf sie bei Tinos Familie an, die gerade die Schreckensnachricht vom Krankenhaus bekommen hatte, dass die Leiche des Verstorbenen nicht für eine Erdbestattung freigegeben werde, sondern aus seuchenhygienischen Gründen sofort ins Krematorium verbracht worden sei, wo der Familie seine Urne ausgehändigt werden solle.

Paco packte die vorbeieilende Bedienung am Arm und bestellte einen Schnaps, genauer gesagt einen Angel d' Or aus Orangenschale auf Eis, um den Schreck zu verdauen.

„Mit dem zweiten Patienten gibt es die gleichen Probleme. Es herrscht höchste Seuchengefahr." Noas Stimme klang ziemlich schrill. „Kurzum, die Familien und alle deine Sportsfreunde machen uns schwere Vorwürfe, weil wir sie in diese Sache reingezogen haben. Sie wollen alle Kontakte zu uns abbrechen. Als ob wir der Herd des tödlichen Virus wären."

Bei Paco schrillten alle Alarmglocken. Er versuchte einige russische Kosewörter, stammelte ‚solnytschka' und was ihm sonst außer Sonnenschein einfiel, um dann knapp zu entscheiden:

„Ich muss sofort nach Barcelona. Ich nehme das nächste Flugzeug. Warte nicht auf mich. Ich sage Bescheid, wenn ich das erledigt habe."

Paco rief Katzer an. „Sprichst du noch mit mir oder hast du dich auch gegen mich verschworen?"

„Was ist los, Skipper?"

„Alle sagen, dass ich schuld am Tod von Tino und am Zustand von Thomeu bin. Keine Sau konnte wissen, dass so etwas passiert. Ich war doch selbst mit Noa noch zwei Tage vorher unten."

„Schalte mal einen Gang runter, Paco. Keiner kann dir einen Vorwurf machen. Das Wrack war der große Magnet für uns alle. Das Rudel hat sich verfranzt. Die kommen schnell wieder zur Besinnung."

„Ich sitze gleich im Flieger und höre mich mal bei ‚Global Risk Overseas' in Barcelona um. Irgendwas kriege ich raus im Clan der Reeder und Agenten. Ein paar Leute sind mir noch was schuldig. Von galicischen Informanten weiß ich, dass meine Landsleute ein paar Piratenboote in den „Brüllenden Vierzigern" zu laufen haben, die von der Interpol wegen Fischwilderei gesucht werden. Richtige Totenschiffe mit Sklavenbesatzung. Wer da anheuert, hat schon sein Grab geschaufelt. Von solchen Seelenverkäufern bis zu unsrem U-Boot des Todes ist eine Verbindung nicht ausgeschlossen. Ich denke, ich weiß, wo ich zu suchen habe. Ich kenne die Mentalität der Gauner und weiß, wo sie zu Hause sind."

„Bleib dran, Paco, ich bin auf deiner Seite. Wir schaukeln das Kind gemeinsam. Schließen wir einen Pakt – wir halten uns gegenseitig über alles auf dem Laufenden. Versprochen? Ich kenne auch ein paar Leute, die mir was schuldig sind. Einer sitzt übrigens bei Interpol. "

Und ein anderer bei den See-Shepherds, dachte Katzer, aber darüber spricht man derzeit lieber nicht so offen, weil die Hirten des Meeres inzwischen gern als terroristische Vereinigung verleugnet werden. Dabei hatten sich Promis wie Sean Connery als Ehrenmitglied aufnehmen lassen. Allerdings hatten die See Shepherds freiwillig die Rolle der Kopfgeldjäger im nassen

Wildwest der internationalen Gewässer angenommen und oft Selbstjustiz geübt. Vornehm ging anders.

Paco hatte ein Last-Minute-Ticket für einen Flug nach Barcelona auf seinem Handy ergattert. Boardingtime war in 40 Minuten, vorausgesetzt er bekam seinen Lieferwagen von Sóller zum Airport mit abgelaufener TÜV-Plakette in 140 Stundenkilometer zum Parkhaus und verlor keine Zeit bei der Sicherheitskontrolle. Warum es bei dieser Todesschachtel, die 70 Jahre friedlich unter Wasser gelegen hatte, auf einmal um Sekunden oder Minuten ging, hätte Paco auch nicht sagen können. Aber sein Bauchgefühl sagte, dass er keine Zeit zu verlieren hatte. Und sein Bauchgefühl hatte immer Recht.

Bei der Ankunft in Barcelona war Pacos Puls wieder normal. In dieser Stadt gibt es nie Parkplätze. Ein Problem, das er mit Hilfe seines Partners Andreu gelöst hatte. Sie hatten gemeinsam am Stadtrand eine Garage und einer parkte einfach vor der Garagentür, wenn der andere drin war. Da beide die Autoschlüssel des anderen hatten, konnte das störende Fahrzeug schnell aus der Einfahrt in die frei gewordene Garage befördert werden. Paco erwischte seinen Kumpel telefonisch, noch bevor er selbst Airport Palma erreicht hatte und bat ihn, mit seiner Karre vor El Prat auf ihn zu warten. Er und Andreu waren ein eingespieltes Team und kannten die Spielregeln Barcelonas nicht nur am Flughafen El Prat. Sie verloren nie viele Worte, wenn es was zu regeln gab und verfolgten immer gemeinsame Ziele – möglichst schnell möglichst viel Geld verdienen ohne unnötige Arbeit. Von dieser gemeinsamen Grundauffassung schien sich der Partner gerade verabschiedet zu haben.

„Andreu, wie weit ist die Justiz damit, El Santo als Eigentümer des Seelenverkäufers „Thunder" festzunageln?"

Andreu bremste scharf vor der Rambla und löste ein schrilles Hupkonzert aus. „Steig aus, Kumpel, wir haben uns nie gekannt und haben nichts miteinander zu schaffen."

„Das fällt dir zu spät ein Kumpel. Vergiss nicht, dass wir eine Garagengemeinschaft haben. Von der gemeinsamen Telefonnummer ganz zu schweigen. Wenn sie mich drankriegen, bist du der nächste."

„Scheiße. Alles, nur das nicht. Lass El Santo aus dem Spiel."

„Nichts lieber als das. Aber was, wenn er mich schon als Bauernopfer bestimmt hat?"

Andreu fädelte sich vorsichtig wieder in den Verkehr ein.

„Also was ist Sache, Alter?"

„Habe kürzlich einen Tauchspot in Mallorca mit Freunden besucht. Hatte einen guten Tip. Zumindest hatte es sich angehört wie ein guter Tip. Ein Vögelchen hat gesungen und mir die Koordinaten von einem gesunkenen U-Boot gezwitschert. Ganz was Besonderes. Zwei meiner Gäste haben sich in dieser Stahltube infiziert und einer ist daran schon gestorben. Vielleicht Zufall, aber je länger ich darüber nachdenke, desto mehr glaube ich, dass der Informant, der die Koordinaten preisgegeben hat, zu El Santo gehört."

„Und was hätte El Santo mit deinem U-Boot zu tun?"

„Über und unter dem Meeresspiegel gibt es nichts, worüber El Santo nicht Bescheid weiß."

„Deshalb ist er der Kopf der galicischen Mafia. Er hält sich für Gott. Er hat erst den Pakt mit Franco besiegelt und nach dessen Tod seine eigene Macht mit Raubfischerei und Drogenschmuggel gefestigt. Interpol beißt sich seit Jahren an ihm die Zähne aus. Lass die Finger von ihm."

Paco ahnte, dass dieser Rat zu spät kam. Wer sich gegen El Santo stellte, war ziemlich allein auf der Welt. Sollte er es noch nicht sein, würde er besser alles tun, es schleunigst zu werden. Wenn du allein bist, muss kein anderer für dich leiden.

Er beschloss, eine neue Karte zu ziehen.

An der Placa Mayor verabschiedete er sich hastig von Andreu, ging in ein Café und rief Noa an.

„Wo bist du gerade, Nonka, mein Täubchen?"

„In unserer Wohnung, wo sonst?"

„Ist alles in Ordnung?"

„Ich denke schon. Nur ein Zettel an der Tür. Beim Nachbarn ist ein Paket für dich abgegeben worden."

„Gefällt mir nicht. Frag nicht, warum. Tu einfach nur, worum ich dich bitte. Verlass das Haus so schnell und so unauffällig wie möglich. Versuche, bei jemand vom Rudel unterzukommen. Sag ihnen, du hättest dich mit mir gestritten wegen des Unglücks. Ich sei ein Idiot und an allem schuld. Du kannst mit mir nicht mehr leben. Der einzige, mit dem ich noch in Verbindung bleibe, ist Katzer. Wenn du mich erreichen musst, ruf ihn an, hörst du. Nur ihn. Geh jetzt sofort, ich liebe dich."

Paco unterbrach das Gespräch, ohne eine Antwort abzuwarten. Er blickte lange auf sein Handy, sein Kopf war leer. Dann wählte er Rufus Katzer.

„Du hast eine Verbindung zu Interpol, war doch so?"

„Ja, ein alter Bekannter. Hat in Spanien gelebt und kennt sich hier gut aus."

„Frag ihn doch mal, was sie bei Interpol über El Santo wissen."

„El Santo?"

„Ja, er ist der Chef der galicischen Mafia. Seine Flotte fischt in internationalen Gewässern unter verschiedenen Flaggen und Namen. Sie wechseln Namen und Flaggen so oft wie feine Leute die Wäsche. Ein Kahn soll derzeit unter dem Namen „Thunder" unterwegs sein, ein anderer als „Viktor".

„Warum bist du hinter ihm her?"

„Er ist vielleicht hinter mir her. Hängt womöglich mit dem U-Boot-Wrack bei Alcudia zusammen. In dem Ding soll ein Wissenschaftler sein Unwesen getrieben haben, der während des Krieges nach tödlichen Viren geforscht hat. El Santos Familie war im Krieg mit Franco dicke und dieser pflegte beste Kontakte mit Hitler und Mussolini. Für wen die neue Biowaffe in der Planung gedacht war, weiß ich noch nicht, aber vielleicht wollten Francos Admiräle sich nach Kriegsende eines Teils dieses Abfalls vor Alcudia entledigen."

„Paco, du hörst von mir. Ich spreche mit meinem Interpol-Kumpel."

„Noch was. Du kennst meine Wohnung im Appartamento Gotmar in Puerto Pollença. Die Nachbarn haben während meiner Abwesenheit ein Päckchen für mich in Empfang genommen. Ich habe Noa fortgeschickt, damit sie in Sicherheit ist. Kannst du dich bei den Nachbarn mal darum kümmern, was es mit dem Ding auf sich hat. Aber Vorsicht, bitte, nicht selber öffnen."

„Wird gemacht. Wie lange bleibst du in Barcelona?"

„Weiß nicht. Vielleicht übernachte ich in der Garage. Habe ein paar Wechselklamotten hier. Sogar einen PC-Anschluss. Die Garage ist mein Büro, Küche und Klo in einem."

„Pass auf dich auf."

Katzer hatte keine Garage wie Paco, dafür stand sein PC in der eigenen Wohnung. Er überlegte, wo er gestern sein Auto geparkt hatte. Er leinte seine Hündin an und suchte seinen alten Fiat. Er fand ihn schließlich vor dem Bauern-Koop, wo er ihn vor Tagen abgestellt hatte, kaufte noch schnell Katzenfutter und brauste das kurze Stück bis Puerto Pollença, wo er um diese Zeit problemlos einen Parkplatz in der Freizeitsiedlung Gotmar fand. Öhrchen nahm er mit. Er eilte durch den Verandagang und klingelte bei Pacos Nachbarn. Eine freundliche Mallorquinerin beim Hausputz mit Besen und Lappen öffnete ihm.

„Ich bin ein Freund Pacos, der gerade auf dem Festland ist, und soll ein eiliges Päckchen für ihn abholen, das bei ihnen abgegeben worden ist."

„Moment", sie wischte sich die Hände an der Schürze trocken, dann reichte sie ihm ein dickes mit Klebeband verschlossenes Din-A-4 Kuvert. Weder auf der Vor- noch auf der Rückseite stand ein Absender. Katzer betrachtete es misstrauisch von allen Seiten und hatte einen Einfall.

„Paco hat gesagt, Sie hätten einen Schlüssel von seiner Wohnung. Ich soll mich um ein paar Sachen kümmern, falls er länger bleibt."

„Der Schlüssel hängt nur für den Notfall bei mir."

„Dies ist ein Notfall."

Sie gab ihm den Schlüssel, jetzt etwas weniger freundlich als beim Empfang. Das vierbeinige schwarze Untier neben Katzer bedachte sie mit einem strafenden Blick. Katzer bedankte sich, band das Tier an der Veranda fest und schloss die Tür hinter sich. Diele, zwei Zimmer, Bad und Küche – er ging an Noas Zimmer vorbei und inspizierte Regal und Schränke von Paco. Einige Fachbücher ließ er unbeachtet, die Ordner wurden durchgeblättert. Bei den Rechnungen und Bankauszügen stutzte er. Paco hatte 50.000€ auf seinem Konto. Bis gestern. Wo war das Geld geblieben?

Ein gerahmtes Foto zeigte Paco und Noa im Tauchanzug. Halb dahinter geklemmt eine ungerahmte Vergrößerung in schwarz-weiß. Sie zeigte den jungen Paco mit einem Korb Percebeiros, vor ihm ein Mann mit strengem Gesichtsausdruck und weißem Hut, Mitte 50. Katzer kopierte es mit seinem Handy und stellte es vorsichtig wieder an seinen Platz. Es musste Gründe geben, dieses Jugendfoto so sichtbar im Zimmer zu bewahren. Oder hatte Paco es erst kürzlich wieder raus gekramt? Er kämpfte gegen die Versuchung, auch Noas Zimmer der zu filzen, aber wo er schon da war, blätterte er die Bücher und Journale in ihrem Raum durch. Viele Fachzeitschriften für Mathe und Medizin. Sein Interesse erlosch. Er ging zur Tür, band die Hündin frei und gab den Schlüssel wieder bei der Nachbarin ab.

„Alles erledigt."

Er sprang die Treppe herunter zum Auto, öffnete Öhrchen die Tür, beschloss aber dann mit Blick auf den blauen Himmel einen Spaziergang an der Strandpromenade. Die Hündin sprang wieder heraus und folgte ihm freudig. Er hatte den Leinenzwang vergessen und kriegte prompt Ärger mit einem der Strandwächter. Wenn du wüsstest, dass ein paar Kilometer weiter im Wasser ein Wrack mit tödlichen Viren liegt, würdest du vielleicht weniger Angst vor Hundepisse haben, dachte er. Das Wrack hatte ihn beim Betrachten durch den Guckkasten an das Skelett einer Kuh erinnert, das er immer beim Wandern auf der Alm von Fartaritx gesehen hatte. Nur viel größer und urtümlicher, ein Riesensaurier aus einer vorgeschichtlichen Zeit.

Er warf das Päckchen achtlos auf den Rücksitz seines Autos und hatte es schon vergessen, als er heim nach Pollença fuhr, um sich vor seine Spickwand im Arbeitszimmer zu setzen. Er schaltete in seinen investigativen Arbeitsmodus und versuchte, alle Fakten mit fremden Augen zu sehen, ohne falsche Vertrautheit und persönliche Gefühle. Er pinnte Fotos vom Skipper und von Noa an die Platte, nachdem der Drucker sie reproduziert hatte, verband Paco per Marker mit dem Reeder Florindo del Maron alias El Santo, hinter den er ein Fragezeichen setzte. Weitere Bilder und Namen würden dazukommen. Jemand würde einen Fehler machen und alle Geheimnisse wären gelöst. Die Stunde der Abrechnung würde kommen, wahrscheinlich dann, wenn sie am wenigsten erwartet wurde.

Im Internet suchte er weitere Spuren und fand eine kurze Biografie von Florindo del Maron.

Der war immerhin zu entnehmen, dass El Santo 86 Jahre alt war, im galicischen O Carballiño lebte und einen Onkel namens Titus gehabt hatte, der Mikrobiologe an der Universität von Santiago de Compostela gewesen war - Titus del Maron, galicischer Gelehrter. Die Familie war offenbar wohlhabend, aber einen der ihren per Lehrstuhl an einer Universität zu platzieren, grenzte selbst in Reeder-Familien an Extravaganz. Katzer hingegen erschien es als Glücksfall. War in Pacos Tratschzirkeln nicht von einem Forscher und seinem U-Boot-Labor die Rede gewesen? Zufall oder Schicksal, dass Florindo und Titus durch Familenbande verbunden waren? Katzer beschloss, Noa in Kenntnis zu setzen. Vielleicht könnte sie etwas Licht in das düstere Geheimnis ihrer Taucherfreunde bringen.

Er erreichte Noa telefonisch bei Lupos Familie, wo sie Unterschlupf gefunden hatte.

„Noa, ich habe das Päckchen bei euren Nachbarn abgeholt. Liegt noch im Auto. Ich habe ein schlechtes Gefühl. Es trägt keinen Absender. Ich werde es von einem Experten der Polizei öffnen lassen. Meine Angst ist vielleicht übertrieben, aber das werden meine Freunde bei der Policia Nacional nicht so tragisch sehen. Wie kommst du klar mit deinem plötzlichen Wohnungswechsel?“

„Gar nicht. Ich kann hier nicht bleiben. Ich werde in Pacos Bootsschuppen übernachten und morgen etwas anderes suchen.“

Katzer hatte wieder das prickelnde Gefühl wie auf dem Boot, als sich ihre Fingerspitzen berührten.

„Wie wär's, wenn du jetzt gleich an die Uni von Santiago de Compostela düst und dich dort in der Bibliothek nach allem umschaust, was ein Mikrobiologe namens Titus del Maron Mendoza hinterlassen hat? Wahrscheinlich war das der Geist, der in der B1 gespukt und unsere Kumpels auf dem Gewissen hat.“

„Titus, was für ein Name. Und wie komm ich da hin? Ich bin pleite.“

„Madame Einstein, wenn du deinen Verstand einbringst, buche ich die Flugverbindungen über mein Konto. Essen musst du aber in der Mensa.“

„Essen wird sowieso überschätzt. Du besorgst das Ticket, ich kümmere mich um den Rest.“

Noch am gleichen Abend saß Noa in der Maschine nach Barcelona, um nachts zum Airport Santiago weiterzufliegen. Sie brachte sogar ein kurzes Treffen mit Paco in der Wartehalle des Flughafens von Barcelona zustande. Sie tauschten beide die letzten Neuigkeiten aus, ehe sie in einer innigen Umarmung versanken. Zu mehr war keine Gelegenheit. Paco wollte morgen jemanden in Mallorca treffen, auf den er große Hoffnungen setzte. Er wünschte ihr viel Erfolg in Santiago.

Noa traf kurz vor 1 Uhr nachts in Santiago ein und erreichte den letzten Bus, der sie bis zur Kathedrale brachte. Dort übernachtete sie auf einer Parkbank. Es war hart und ungemütlich, aber nicht schlimmer als früher auf den Felsen bei der Suche nach galicischen Entenmuscheln. Sie versuchte, sich mit der Erinnerung an Pacos Umarmung zu trösten. Du suchst einen Geist namens Titus, der dich heimgesucht hat, und Geister spuken nun mal nicht da, wo es gemütlich ist. Auf zur Uni!

Sie fand einen Bäcker, der ihr ein frisches Baguette verkaufte, und fragte sich kauend zur Universitätsbibliothek durch, nur um zu erfahren, dass die Bibliothek in drei verschiedenen Gebäuden untergebracht war. Es gab die Uni seit 1495, da hatten sich einige Bücher angesammelt.

„Und welches Gebäude ist so früh am Morgen schon geöffnete?“ fragte sie den jungen Mann, der seine Zielstrebigkeit und sein adrettes Äußeres für ihre gespielte Hilflosigkeit einen Moment beiseitegelassen hatte.

„Nirgends", lautete seine prompte Antwort. „Haben Sie es denn so eilig? Der Tag ist doch noch lang. Wenn ich Sie zu einer Tasse Kaffee einladen darf, vergeht die Zeit schneller und bei einer Bibliothek, die schon seit mehr als tausend Jahre existiert, kommt es doch wirklich nicht auf ein paar Minuten an."

„Da haben Sie Recht. Kennen Sie ein Café für Frühaufsteher, wo ich mich in der Toilette etwas frisch machen kann? Ich komme direkt aus Mallorca und habe die Nacht auf einer Parkbank verbracht."

„Kein Problem. Aber was oder wer in der Welt ist so eilig, dass man ihm von Mallorca bis zur der Uni-Bibliothek von Santiago de Compostela nachjagen muss, als wäre man vom Teufel verfolgt?"

„Ein Geist, den meine Freunde und ich auf dem Meeresboden vor Alcudia in einem U-Bootwrack getroffen haben."

„Ein Geist?"

„Ja, der Geist von Titus del Maron Mendoza. Er spukt dort in seinem ehemaligen U-Boot-Labor und lässt Leute sterben. An der Uni von Santiago hatte er vor 20 Jahren einen Lehrstuhl in Mikrobiologie."

„Donnerwetter. Titus del Maron. Ich ziehe meinen Hut. Wissen Sie, von wem Sie reden? Del Maron war in den fünfziger Jahren an Forschungen beteiligt, die Professor Bernhard Katz 1970 den Nobelpreis für Medizin eingebracht haben. Unsere Uni kann stolz auf ihn sein."

„Ihre Uni? Arbeiten Sie an der Universität?"

„Tag und Nacht. Thomeu Golom mein Name. Ich bin Assistent von Professor Galindo, einem unserer Historiker. Und Sie sind eine Art Meerjungfrau, ich meine Taucherin, die sich für Mikrobiologie interessiert?"

„Ja und nein. Eigentlich bin ich Mathematikerin, russische Doktorin der Mathematik. Doktor Nonnotschka Matjoschenka mein Name, Freunde nennen mich Noa."

„Heilige Makrele. Wie kommt eine Meerjungfrau zur Mathematik?"

„Unterschätzen Sie uns Russinnen nicht. Unsere Sofija Kowalewkaja war 1884 die weltweit erste Professorin für Mathematik an der Uni von Stockholm."

„Ich bin beeindruckt. Und jetzt wollen Sie ihr nacheifern und haben für Ihre Karriere die Universität von Santiago de Compostela ausgesucht?"

„Quatsch mit Soße. Die Lage ist ernst. Meine Menschen meinen, sie könnten mich schicken. Es geht . . .äh . . . um Leben und Tod. Wollen Sie mir vielleicht helfen?"

„Kommen Sie, Frau Doktor. Gehen wir ins „Serendipia", die haben ab 7,30 Uhr geöffnet und sind nur ein paar Meter von der Kathedrale entfernt. Gleich um die Ecke. Nette Bedienung, saubere Klos und der beste Kaffee der Stadt."

Noa stolperte, er reichte ihr den Arm und sie ließ sich von ihrem Assistenten der historischen Fakultät in die gemütliche Kuchenkneipe führen, die der morgendlichen Kühle mit wohliger Wärme trotzte. „Für mich bitte Churros und geschäumten Kaffee", hinterließ sie ihrem Begleiter, ehe sie sich durch die dunklen Tische und Bänke zur Damentoilette schob. Es roch gut. Es gab sogar richtige Seife und Handtücher. Sie war die einzige, die früh am Morgen die Toilette nutzte, machte Pippi und beschloss, die Bluse auszuziehen, um sich schnell unter den Armen und über das Gesicht zu waschen. Ihr Selbstvertrauen kehrte zurück. Sie entschied, auch heute keinen Lippenstift aufzulegen, zog bloß etwas Lidschatten nach.

Zurück aus dem Klo nahm sie sich Zeit, ihren Begleiter zu taxieren. Dreitagebart, Mitte dreißig, gut gebaut, wie sie erkennen konnte, da er gerade seine Jacke abgelegt hatte.

Frisch gebügeltes Hemd, zwei Knöpfe offen. Offenbar kontaktfreudig. Es war einen Versuch wert.

Auf dem geschäumten Kaffee schwammen geschäumte Engelchen. Er nahm Croissants und sie bekam ihr heißes Schmalzgebäck, das blitzschnell in ihrem Mund verschwand. Sie sagte „köstlich" und fügte unvermittelt hinzu „Titus hat uns den Tod hinterlassen."

Sein Lächeln erstarb. Er legte sein zweites Croissant zurück auf den Teller. „Wie bitte?"

„Sie sollten anfangen, mich ernst zu nehmen. Mein Einsatz ist verzweifelt. Ein Mensch ist schon tot und ein zweiter kämpft um sein Leben. Was noch kommt, ist ungewiss."

Er legte seine Hand auf ihre zittrige Linke. „Vertrauen Sie mir. Ich bin bereit, Ihnen zu helfen, wo ich kann."

„Ich muss alles über Titus del Maron Mendoza erfahren, was es gibt. Es ist ein schreckliches Geheimnis um sein Tun. Vielleicht lässt es sich lüften, wenn man in sein Werk eintaucht, das er der Unibibliothek von Santiago hinterlassen hat. Offenbar hat sich niemand bisher mit seinem Nachlass beschäftigt."

„Wenn er das so gewollt hat, wird es schwer sein, das zu ändern. Unmöglich ist es nicht. Jedenfalls nicht für einen Insider. Del Maron ist vor 20 Jahren gestorben."

„Darf ich hoffen?"

„Ich könnte Sie als meine Gehilfin bei Professor Galindo einschleusen. Wir gewähren dann sozusagen Schützenhilfe für Frau Dr. Nonnotschka Matjoschenka. Von welcher Uni kommen Sie, wenn ich fragen darf?"

„Petersburg."

„Petersburg, sehr gut. Schützenhilfe auf Gegenseitigkeit, einverstanden? Vielleicht können Sie uns ja auch mal helfen, oder? Unsere Beziehungen zu Russland sind nicht die besten."

„Abgemacht. Vielleicht wird die Menschheit es Ihnen oder Ihrem Professor eines Tages danken.“

„Abgemacht. Vielleicht wird die Menschheit es Ihnen oder Ihrem Professor eines Tages danken.“

4. Kapitel

Ein lichtloser Tag in U-Haft bei der Guardia Civil und die nagende Ungewissheit über das Schicksal seiner Tiere hatten Katzer grantig gemacht. Seine Geduld war am Ende. „Ich verlange, dass sich sofort die Mordkommission in Palma mit den absurden Vorwürfen gegen mich beschäftigt." Im Geiste leistete er Abbitte für alle Verwünschungen, die er dem kratzbürstigen Comisario Principal Caplonch in Palma an den Hals gewünscht hatte. Noch mehr sehnte er sich nach seiner Freundin Isabel, die nach fünf Jahren von einer Kommissaranwärterin zu Caplonchs Stellvertreterin aufgerückt war.

Der Verhörbeamte der Guardia Civil vom Vortag lächelte höhnisch. „Sie sollten jetzt vielleicht doch einen Anwalt einschalten, Herr Katzer. Wir haben Ihre Wohnung und Ihren Wagen durchsucht. Wir haben bei der Gelegenheit sogar Ihre Katzen gefüttert. Es geht ihnen gut. Aber wir haben überraschend bei Ihnen einen großen Briefumschlag gefunden, der an Herrn Paco Teruel adressiert war. Der Brief enthielt Sprengstoff, wie unsere Experten festgestellt haben. Sie hatten offenbar einen weiteren aggressiven Akt gegen Ihren inzwischen ermordeten Freund Paco vorbereitet."

Katzer verschlug es die Sprache. Gleich drei wichtige Informationen auf einmal nach endlosen Stunden der Einsamkeit und der Untätigkeit, das musste erstmal verarbeitet werden. Erstens: Die Katzen hatten Futter bekommen, das war mehr, als er von den Rüpeln der Guardia erwartet hätte. Er hätte sie glatt für fähig gehalten, seine Fellnasen roh zu verspeisen. Die reinsten Engel. Aber was war mit seiner Hündin auf der Alm?

Zweitens: Bei dem Mordopfer in der Berghütte Fartaritx handelte es sich offenbar tatsächlich um Paco. Das war schrecklich und unfassbar. Und drittens: Es hatte offenbar noch einen weiteren Anschlag auf Paco gegeben, den er vielleicht nur durch seine Schlampigkeit verhindert hatte. Offenbar war dieser Anschlag bereits vor dem Mord in Fartaritx inszeniert worden. Katzer fiel ein, dass die Briefbombe weder einen Poststempel noch eine Briefmarke getragen hatte. Nur die Anschrift „Señor Paco Teruel. Dringend". Pacos Nachbarin in Gotmar musste den Umschlag also von einem Boten entgegengenommen haben. Das würde sich bei einer Gegenüberstellung leicht klären lassen. Er musste versuchen, den Grünen am Verhörtisch auf seine Seite zu ziehen. Koste es, was es wolle.

Zur Gewissheit über Pacos Tod kam sein Gefühl von Hilflosigkeit und Wut, dem Gefährten bei der Suche nach Schuldigen nicht länger beistehen zu können, zumal er die Möglichkeiten zu seiner Unterstützung noch nicht einmal annähernd ausgeschöpft hatte.

Du bist alt, sagte er sich, und schlimmer, du bist unfähig. El Santo ist viel älter als du, aber er ist zu allem fähig. El Santo hat Einfluss, der Mafiaboss ist überall. Du hast das Ungeheuer unterschätzt. Bisher war es nur Pacos Ungeheuer und Pacos fixe Idee, jetzt ist es blutige Wirklichkeit. Zwei Tote in kurzer Zeit. Wer wird der nächste?

Katzer sah den Grünen am anderen Ende des Tisches mit neuen Augen. Er kannte das Schmähwort für einen wie ihn. Im Volksmund nannte man sie die sapos, die Kröten, und er beschloss, es aus seinem Sprachschatz zu löschen. „Haben Sie je von El Santo gehört?" Sein Gegenüber reagierte eisig. „Bleiben wir bei Ihnen. Wir sind noch nicht fertig mit Ihnen. Wir haben uns inzwischen gründlich umgehört. Für morgen haben wir eine Gegenüberstellung mit Pacos Nachbarin vereinbart. Falls Sie auf Hilfe von Ihren Freunden bei der Policia Nacional hoffen, die lassen Ihnen ausrichten, sie hätten es nicht eilig. Der eine oder andere Tag länger bei uns wird Ihnen nach Meinung von Comisario Caplonch nicht schaden."

Das war ein Schlag unter der Gürtellinie. Er hatte dem Chef der Kripo schon einiges zugemutet, zugegeben, aber dass er ihn bei der Guardia so hängen ließ, war gemein. Geradezu niederträchtig. Dass Caplonch auf seine alten Tage so nachtragend werden könnte, hätte er nicht für möglich gehalten. Oder steckte schlimmeres dahinter?

Katzer fühlte sich von allen guten Geistern verlassen. Sein Gefühl, zu den Guten zu gehören, geriet ins Wanken. Wenn Amnesty International deine letzte Hoffnung ist, dann gute Nacht. Um einen Anwalt zu bitten, erschien ihm als Schuldeingeständnis. Er lehnte das ab. Er ließ sich in seine Zelle zurückbringen, um zwischen nackten Wänden und einer Brechreiz erregenden Anstaltskost neue Kampfkraft zu tanken. Er weigerte sich, den Anstaltsfraß zu essen.

Er schlief schlecht mit leerem Magen, dafür mit umso mehr Wut im Bauch. Es war höchste Zeit, die Freunde vom „Rudel" zu alarmieren. Wahrscheinlich wussten sie noch gar nichts über Pacos Schicksal. Es konnte ihnen nicht gleichgültig sein. Was immer Rafa, Nacho, Pepe und Lupo über ihren Skipper nach dem Tod von Tino gedacht hatten, sein grausames Ende warf ein völlig neues Licht auf die Situation. Die Nacht wurde sehr lang und einsam.

Am nächsten Morgen verlangte er Frühstück und ein Telefongespräch. Er kriegte erneut sein Abendessen von gestern vorgesetzt, viel Fett mit ein paar Knochen, aber diesmal kalt. Wenigstens der Kaffee war heiß, wenn auch dünn. Er bat um mehr Brot. Er spülte es mit dem Kaffee runter. Dann reichte ihm der Teniente von gestern sein eigenes Handy zurück, was ihm sofort ein Stück seiner Selbstsicherheit verlieh. Ein Journalist ohne Telefon ist wie ein Läufer ohne Beine. Das war noch nicht alles.

„Wir haben die Probe Ihrer Kopfverletzung untersucht. Könnte tatsächlich vom Huf eines Schafes stammen."

Na also, dachte Katzer. Dann lächelte er verbindlich.

„Danke, Teniente." Der Beamte lächelte ebenfalls. „Ich bin Capitán".

„Entschuldigung, ich habe den dritten Stern an Ihrer Schulter übersehen." Irgendwie kam er Katzer bekannt vor, ein Mann Mitte 50, hängende Wangen, aber verglichen mit Katzer ein junger Spund.

Vielleicht war es kein schlechtes Zeichen, von einem Polizeihauptkommissar verhört zu werden. Sicher war er der Chef der Einheit. "Fahren Sie immer noch Kajak?" fragte der Hauptkommissar unvermittelt. Katzer war verblüfft.

„Woher wissen Sie das?"

„Wir kennen uns. Ich war bei der SEMAR, und Ihre damalige Freundin Isabel von den Municipales in Pollença hat sich in dieser Zeit für Sie bei der Küstenwache eingesetzt."

„Verrückt, damals hatte ich auch eine Leiche gefunden, beim Kajakfahren, aber niemand hat mir geglaubt. Es ging um einen Kokainboß aus Kolumbien, wie Sie sich vielleicht erinnern. Diesmal haben wir es mit der galicischen Mafia zu tun. Augenscheinlich haben sowohl Sie als auch Isabel inzwischen Karriere gemacht. Wie schön. Sie sehen, wer mit mir zu tun hat, kommt voran, Capitán, wie war doch gleich Ihr Name?"

„Noguera, Señor."

„Richtig. Vincent Angel Noguera. Wenn ich mich recht erinnere, waren Sie damals Sargente."

„Stimmt." Er reichte Katzer dessen beschlagnahmtes Handy. „Machen Sie nicht zu lange. Draußen wartet schon Pacos Nachbarin aus Gotmar, um Sie zu identifizieren."

Katzer war froh, wieder sein eigenes Handy benutzen zu dürfen. Als ersten wählte er Nacho, den ältesten der Gruppe, erreichte aber nur seinen Anrufbeantworter. Er musste dringend mit einem Menschen sprechen, nicht mit einem Tonband, und gab als nächsten Teilnehmer Lupo ein. Ein bisschen von Lupos Humor konnte er jetzt brauchen. Das Rufzeichen und gleich darauf Lupos Stimme ertönten.

„Lupo, hör jetzt bitte genau zu. Ich sitze seit gestern im Knast von Port Pollença, Placa Juan Cerda, weil ich Paco ermordet haben soll. Ja, du hast richtig gehört. Paco ist umgebracht worden, oben in Fartaritx, er hat in Barcelona eine heiße Spur der galicischen Mafia verfolgt. Was er in Fartaritx wollte, weiß ich auch nicht, aber ich habe ihn dort gefunden und werde verdächtigt, ihn getötet zu haben. Sag allen Bescheid. Das Rudel muss aktiv werden. Ich hoffe, bald mit der Policia Nacional in Kontakt zu kommen. Ach ja, und ich habe Noa vor drei Tagen nach Santiago de Compostela an die Uni geschickt, um nach einem Mikrobiologen namens Titus del Maron zu forschen, der dort einen Lehrstuhl hatte. Er hatte vielleicht ein Forschungslabor in unserem U-Boot. Besucht mich mal, wenn ich bis heute Abend nicht rauskomme, und kümmert euch um meine Tiere. Die Lage ist beschissen.“

„Wenn deine Tiere dein größtes Problem sind, ist die Lage nicht völlig hoffnungslos“, konterte Lupo trocken. Vermutlich hatte er recht.

Katzer hatte stark übertrieben. Seit die Schafe ihn niedergetrampelt hatten, hatte er sich nicht mehr so gut gefühlt. Er war in seiner Wahlheimat Mallorca, nicht in Galicien, und noch hatte er ein paar Freunde. Er musste sie nur aktivieren. Er nahm seinen Kopfverband ab, der ihn wie ein Turban schmückte. „Damit die Nachbarin mich wiedererkennt. Ich würde mich auch gern rasieren.“ Vor dem Spiegel versuchte er, seinen Kopf zu begutachten. Soweit er erkennen konnte, war das Blut getrocknet. Er rasierte seinen Kopf immer mit einem Haarschneider, was demnächst wieder fällig war. Er nickte zufrieden.

Im Besucherzimmer traf er die nette Mallorquinerin aus Gotmar. Auf eine formelle Gegenüberstellung mit mehreren Personen hatte die Guardia verzichtet. „Was ist denn mit Ihnen passiert?" rief sie entsetzt. Katzer winkte ab.

„Gnädige Frau, erkennen Sie den Mann wieder, der Ihnen das Päckchen für Ihren Nachbarn abgenommen hat?" schaltete sich der Hauptkommissar ein. „Oder hat er es gebracht?"

„Ja, nein, natürlich nicht, aber wo ist denn Ihr Hündchen? Etwa auch verletzt oder was?"

Der Beamte stutzte. „Sie haben auch einen Hund?"

„Ja, eine Rottweiler-Dame, sie ist mir bei meiner Festnahme in Fartaritx abhandengekommen. Ebenso wie mein Gedächtnis. Ich hoffe und bete, dass auch sie zurückkommmt."

„Kann es sein, dass ihr ein halbes Ohr fehlt? Fellfarbe schwarz?" Katzer nickte.

„Die haben wir in Fartaritx vom Tisch losgebunden. Sie ist davongelaufen. Wir dachten, sie gehört dem Schäfer."

Katzer kämpfte mit seinen Gefühlen. Tino und Paco tot, er selbst und Thomeu halbtot, aber Öhrchen lebte. Es war alles ein bisschen viel in der letzten Zeit. Aber wo immer sie war, Öhrchen lebte. Sie hatte Schlimmeres erlebt, als sie sich allein auf der Welt durchschlagen musste.

Capitán Noguera wollte das Drama beenden. „Wer hat denn das Päckchen bei Ihnen abgegeben? Können Sie die Person beschreiben?"

„Ich dachte, das war einer von der SEUR. Magerer Typ, unfrisierte Mähne, viel jünger als der Herr hier."

„Würden Sie ihn wiedererkennen?"

„Ich weiß nicht. Vielleicht."

„Gut. Ich werde dem Untersuchungsrichter vorschlagen, Herrn Katzer gehen zu lassen. Aber halten Sie sich zur Verfügung und verlassen Sie die Insel nicht, Señor."

„Mich kriegt hier keiner weg. Höchstens in einer Urne.“

Mit dem Linienbus von Port erreichte Katzer zur Mittagszeit wieder Pollença und fütterte als erstes seine Katzen. Das Fleisch für die Hündin ließ er achselzuckend im Kühlschrank. Es würde noch ein paar Tage halten. Jeder Hund mag Fleisch. Je älter, desto besser.

Er trat in den Patio, wo ein wildes Biotop von Pflanzen, Blüten, und Insekten ihn begrüßte. Ein großer Gecko verschwand hinter der Bougainvillea. In ihr hatte sich jahrelang immer ein wildes Bienenvolk nach seiner Teilung gesammelt, um einen neuen Standort zu suchen. Das hatte er im Knast vermisst.

Ein lautes Bellen von der Straße schreckte ihn auf. Es wurde durch ein energisches Kratzen an der Innentür seines Eingangs verstärkt. Er sprang zur Straße und wurde fast von einem schwarzen Blitz überrannt, der heulend an ihm hochsprang. Seine Hündin pisste sich nass vor Freude über das Wiedersehen, schlug wild mit dem Schwanz, ehe sie sich auf den Rücken warf und mit allen vier Pfoten um sich schlug. Er warf sich über sie und ließ sein Gesicht lecken.

Nach der Wiedersehensorgie holte er ihr Fleisch aus dem Kühlschrank. „Wo kommst du denn her, Seelenschwester?“ Blöde Frage, natürlich von Fartaritx. „Hast dich ganz schön rumgetrieben.“

Sie war tagelang unterwegs gewesen, aber sie hatte den Weg allein zurückgefunden. Eigentlich hätte sie für die Strecke von sieben bis acht Kilometern höchstens eine Stunde gebraucht, überlegte er. Endlich begriff er. Ihre Zehen waren wund. Das Tier war nach Katzers Festnahme den steinigen Bergpfad von Fartaritx bis nach Hause tagelang ständig hin und hergelaufen und hatte nach Herrchen gesucht.

Ein weiteres Opfer der Unglücksalm irrte noch immer durch die Welt. Noa. Sie musste längst in Santiago sein und hoffentlich schon auf der Spur von Titus del Maron. Vorausgesetzt, er war nicht nur ein Phantom aus Pacos Phantasie. Katzer hoffte, dass es ihr besser ging, als seine Vorstellungskraft ihm erlaubte.

Noa meldete sich erst nach dem zweiten Versuch auf seinem Handy, nur um mit gedämpfter Stimme zu flüstern „Moment, ich melde mich gleich zurück." Nach längerem Warten sprach sie mit normaler Stimme: "Ich habe den Lesesaal verlassen. Ich hatte das Handy in meiner Tasche und habe den Summton überhört. Ruf du mich bitte zurück, ich muss sparen." Katzer stellte erneut die Verbindung her: „Tut gut, deine Stimme zu hören. Wie geht es dir?"

„Ich bin hier in einer riesigen Bibliothek mit Deckengemälde wie im Vatikan und darf den Nachlass von Titus lesen. Kein Zugang für normale Sterbliche. Erklärung später."

„Du bist jetzt das Wichtigste auf der Welt. Ohne dich geht nichts mehr. Unser Paco ist tot. Er wurde in Fartaritx ermordet. Ich bin derzeit der Hauptverdächtige. Frag mich nicht warum. Wir schulden dem Skipper und der Welt eine Antwort auf das Desaster, das er nicht verhindern konnte. Alles andere wäre Verrat."

Noa begann heftig zu schluchzen.

„Was ist passiert? Warum bist Du verdächtig? Ihr seid doch Freunde, oder was?"

„Bin ich. War ich. Wir sind zufällig am gleichen Ort gewesen und er war schon tot, als die Polizei kam. Völlig unerklärlich. Was wollte er ausgerechnet oben in Fartaritx?"

„Er hat sich nicht aufhalten lassen, der Verrückte. Ich glaube, ich weiß, wen er treffen wollte. Einen Bekannten aus alten Zeiten. Das ist unheimlich."

„Wäre gut, wenn Du den Behörden helfen könntest."

„Ich komme, so schnell ich kann. Muss nur noch die Sache hier zu Ende bringen. Dieser Titus hat eine Art Tagebuch geführt, aber in Geheimschrift. Viel komplizierter als Leonardo da Vinci.

Ich fotografiere alles mit dem Handy. Ich schicke dir Proben. Ich muss den Code knacken, oder ich gebe meinen Doktortitel in Mathe zurück. Rufe nicht wieder an, du störst nur. Ich arbeite Tag und Nacht. Wenn ich versuche, zu schlafen, werde ich verrückt."

Katzer war irritiert. Etwas stimmte nicht mit ihr. Natürlich war ihr Pacos Schicksal wichtiger als seines. Ob sie vielleicht dachte, er hätte sie nach Santiago geschickt, um freie Hand beim Umgang mit Paco zu haben?

Sie hatte sehr schnell gesprochen, wie vor einer großen Gefahr. Er erinnerte sich daran, wie ihre Fingerspitzen sich berührt hatten. Ein elektrisches Gefühl. Er hätte ihr gern Kraft und Zuversicht gewünscht, wohl wissend, dass er es war, der ihre Kraft jetzt brauchte. Am liebsten wäre er ihr nach Santiago gefolgt. Stattdessen rief er Isabel an, was er ursprünglich auf den nächsten Tag hatte verschieben wollen.

5. Kapitel

Isabel war bei ihrem abendlichen Lauftraining in Richtung Hafen Palma unterwegs. Sie hatte wie immer ihr Handy dabei. Ständige Einsatzbereitschaft und ein vorausschauender Verstand hatten ihr den Respekt aller Kolleginnen und Kollegen verschafft. Katzers Wertschätzung ihrer Person reichte weiter, obwohl sie offenbar keinen Finger krumm gemacht hatte, seinen Aufenthalt im Knast der Guardia Civil zu verkürzen.

„Guten Abend, du Göttin der Gerechtigkeit, trotz deines Desinteresses bin ich wieder auf freiem Fuß.“

„Nimms mir nicht übel, Schätzchen, auch ich muss abwägen, was gut für mich ist und was mir schadet.“

Isabel war kürzlich zur stellvertretenden Leiterin der Mordkommission befördert worden. Diese Stelle war lange nicht besetzt worden, weil Caplonch als Chef immer Einwände gegen alle vorgeschlagenen Männer erhoben hatte. Er hatte so lange Schwierigkeiten gemacht, bis nur noch Isabel als Stellvertreterin übriggeblieben war. Sie war von Anfang an seine Wahl gewesen, doch der Polizeipräsident hatte es für unvorstellbar gehalten, eine Frau als künftigen Abteilungschef der Mordkommission zu berufen. Ein bedenklicher Präzedenzfall, der in Mallorca seinesgleichen suchte.

Katzer war ziemlich auf dem Laufenden, leider nicht völlig. Niemand hatte ihm gesagt, dass Isabel schon früh am Morgen ihr erstes Dienstgespräch mit Capitán Noguera von der Guardia Civil geführt hatte, um alte Erinnerungen an Katzers Leichenfund an der Nordküste in der Cambra de la Señora auszutauschen.

„Vielleicht hat das ja dazu beigetragen, dich aus den Klauen der Justiz zu befreien, aber mehr kann ich für dich augenblicklich nicht tun.“

„Ich habe echt gedacht, dass Noguera von selbst drauf gekommen ist."

„Und jetzt suchst du gerade wieder einen Mafiaboss. Übertreibs nicht."

„Keine Angst. Die zwei Toten der letzten Tage waren bloß meine Freunde. Ich nehm das nicht persönlich."

„Wie ich höre, hast du mit deinem Freund Paco ein versenktes U-Boot besucht, dessen Kapitän ein gewisser Caplonch aus Mahon war."

„Richtig."

„Dieser ehrenwerte Seemann war zufällig der Großvater meines Chefs. Er wurde von den Falangisten 1939 bei der Einnahme von Menorca erschossen."

Katzer war wieder einmal überrascht, wie sehr auf den Balearen alle miteinander versippt und verschwägert waren. Wahrscheinlich war das undurchdringliche Geflecht der Inseln nur eine einzige verworrene Familiengeschichte.

„Ich verstehe. Der Chef der Mordkommission ist Unwillens, sich den Gang in den Ruhestand von einem Irren wie mir vermasseln zu lassen."

Caplonchs Familiengeschichte war für ihn immer tabu geblieben. Der alte Griesgram war seit dem Tod seiner Frau nie besonders gesellig gewesen. Dabei hatte Katzer seit ihrer ersten Begegnung Hochachtung für das kompromisslose Bekenntnis Caplonchs zur jungen Demokratie des Landes empfunden. Caplonch hatte sich keine Freunde gemacht mit seiner Genugtuung über die Umbenennung seiner dienstlichen Adresse nach dem Bauernführer Simó Ballester statt des vorangegangenen Namensgebers, dem faschistischen Märtyrer Ruiz de Alda.

Isabel hatte mittlerweile wieder ihr flottes Lauftempo Richtung Hafen aufgenommen.

„Kein Grund, den Beleidigten zu spielen, mein Held. Besuche uns morgen in der Carretera Simó Ballester. Vielleicht bekommen wir sogar eine Audienz bei meinem Chef. Sein Vater wurde 1939 standrechtlich erschossen. Das U-Boot des Patrón wurde zehn Jahre später bei einem Schießmanöver von der Marine versenkt. Du bist nicht der einzige, der wissen will, was in der Zwischenzeit passiert ist.“

So war es in der Tat. Eine befriedigende Antwort war allerdings eher aus den vatikanartigen Gewölben der Uni von Santiago zu erwarten als aus dem Polizeipräsidium. Eine längst vergangene Zeit war ohne Anzuklopfen in seine Gegenwart getreten.

Er drehte sich eine, griff zum Feuerzeug und rief Max Friedmann von der Interpol an, dessen Privatnummer er hütete wie einen Schatz. Telefonnummern waren sein einziges Kapital, und Max Friedmann war nach den Jahren erprobter Zusammenarbeit ein so guter Kumpel geworden, dass die fortgeschrittene Abendstunde keine Rolle spielte.

„Max, ich hoffe, du gönnst dir gerade einen guten Tropfen zum Feierabend. Ich will deine Stimmung nicht durch schlechtes Karma trüben.“

„Getroffen Rufus. Lange nichts gehört voneinander. Wo wir endlich mal ungestört plaudern, hast du noch immer die Verbindung zu diesem Produzenten von spanischem Sherry, mein Vorrat geht alle. Wenn da noch der Vorzugspreis gilt, denke bitte an mich.“

„Tu ich doch immer. Du stehst ganz oben auf meiner Liste. Gleich daneben steht noch Florindo del Maron, aber nicht wegen Sherry, sondern als Boss der galicischen Mafia, der in meinem Privatleben wildert. Er importiert schwarzen Dorsch aus dem südlichen Polarmeer.“

„Und damit wird man reich?“

„Verkauft sich wie Koks unter kulinarischen Kennern. Kokaintransport im tiefgefrorenen Fisch gehört übrigens auch zur Erwerbsquelle von El Santo.“

„Wie war der Name?“

„Du wirst demnächst noch öfter von ihm hören. Florindo del Maron. 86 Jahre alt. Große Familie in O Carballiño, Galicien, rechte Hand Gottes auf Erden, genannt El Santo. Er hatte auch einen berühmten Onkel, der Mikrobiologe war und Titus del Maron Mendoza hieß. Hast du dein Tonband laufen?“

„Jetzt schon.“

„Alles klar. Hör dich doch morgen im Dienst mal nach El Santo um. Irgendwer bei Interpol weiß sicher mehr. Vielleicht kann ich euren Wissensstand bald erweitern.“

„Ah, dein Sherry ist wirklich gut, Rufus, wenn deine Informationen ihm auch nur annähernd gleichkommen, sind wir im Geschäft.“

„Ruf mich zurück, so schnell du kannst. Unsere Ordnungsmacht hier in Mallorca verdächtigt mich, einen guten Freund ermordet zu haben. Ein schrecklicher Irrtum, wie ich beweisen will. Niemand konnte wissen, dass wir uns am Tatort in Fartaritx begegnen würden. Wir wussten es selber nicht.“

„Hast du am Telefon darüber gesprochen?“

„Ich habe mit niemand über meine Wanderung nach Fartaritx gesprochen. Nur mit Paco am Tag davor über meinen Besuch in seiner Wohnung. Dort hat mir eine Nachbarin eine abgegebene Briefbombe für Paco überreicht.“

“Ist ja ekelhaft. Vielleicht ist euer Gespräch abgehört worden.“

„So was kenne ich bisher nur aus dem Fernsehen.“

„Ist kinderleicht, nicht nur die Telefongesellschaft kennt sich damit aus.“

„Dann mach ich hier mal eine Ansage: ich kriege euch, ihr Arschlöcher! Ich habe schon ganz andere Hurensöhne zum Teufel geschickt!"

„Hoffentlich fühlst du dich jetzt besser."

„Gut. Wir hören voneinander."

Katzer beendete das Gespräch und genoss seine Selbstgedrehte bis zum letzten Zug. Er kraulte Öhrchen hinter ihren anderthalb Ohren und freute sich darauf, endlich wieder in sein eigenes Bett zu kriechen. Er schlief wie ein Toter.

Da Öhrchen so übermüdet war wie er selbst, hatte sie ihn nach Sonnenaufgang nicht geweckt. Dafür tanzten die Katzen Polka um sein Bett. Er verteilte ihr Futter und war froh, sich schon gestern im Knast rasiert zu haben, was ihm die nächsten zwei Tage den Blick in den Spiegel ersparen würde. Es tat einfach weh, die für Paco bestimmte Briefbombe nicht sofort den Experten gezeigt zu haben, um nach der Feststellung des Mordversuches den Freund in Barcelona zu warnen. Mit wem war der in Fartaritx verabredet? Was für ein krummes Geschäft hatte ihn in die Wildnis und in den Tod gelockt? Und warum merkt man immer zu spät, den Punkt überschritten zu haben, der dein Leben auf ewig versaut?

Er hatte gerade die Hälfte der zehn Kilometer Teerstraße von Pollença zur Autobahn zurückgelegt, als sein Handy anschlug. Wie immer mit dem Radetzkymarsch, einem Rufton, den er seit einer Ewigkeit ändern wollte. Er fuhr in eines der Grundstücke am Wegrand, um bei laufendem Motor zu reden. Die Strecke war wegen zahlreicher Kurven unübersichtlich und von überfahrenen Haustieren gesäumt. Auf seinem Handy leuchtete Max Friedmanns Dienstnummer. „Schön, dich zu hören Max. Der Tag fängt gut an. Ich bin gerade auf dem Weg zur Mordkommission in Palma."

„Ok, Rufus, sag Comisario Caplonch, dass dein Freund Paco sich vermutlich mit jemand angelegt hat, der ein paar Nummern zu groß für ihn war. Euer galicischer Heiliger Florindo del Maron Mendoza hält eine Sonderkommission der norwegischen Interpol schon seit Jahren beschäftigt. Die Norweger haben sogar eine eigene Fischerei-Kripo gegen das Wildern in internationalen Gewässern. Gegen Mendoza läuft auch ein internationales Fahndungsgesuch, dem Spanien aber nicht nachkommen kann. Das oberste Gericht eures Landes hat entschieden, dass Spanien für Straftaten in internationalen Gewässern keine Zuständigkeit hat."

„Schlimm genug. Aber jetzt geht es um einen Mord in Spanien. Da muss selbst unsere Justiz handeln."

„Vielleicht kann Interpol mit seinem Material über El Santo helfen. Mit der Akte ließe sich ein Fortsetzungsroman schreiben."

„Womit hat er schon zu Lebzeiten den Heiligenschein ergattert?"

„Dreierlei – Florindo del Maron ist katholischer als der Papst, faschistischer als Franco und glühender Verehrer der Jungfrau von Arcos. Ihr Heiligenbild hing auch im Steuerhaus seines Trawlers „Thunder". Als das Schiff und seine Mannschaft in den 70ern vom Untergang bedroht war und das Wasser schon im Maschinenraum stand, flehte Florindo die Jungfrau um Rettung und weihte ihr sein Leben."

„Offenbar wurde sein Ruf erhört und er selbst zum Vertreter Gottes auf Erden befördert."

„In seinem Heimatdorf O Carballiño darf er samt seiner Familie zur jährlichen Prozession beim Fest des Tintenfischs am 15. August die hölzerne Skulptur der Jungfrau aus der Kirche auf Schultern tragen. Die Ehre wird immer dem größten Spender der Kirche zuteil und keiner wagt es, ihn zu überbieten."

„Ein hübscher Schwank, der nur noch überboten wird, wenn Franco demnächst seinen Platz im Valle des los Caidos räumen muss. Dann wird sein großer Freund und Förderer Florindo del Maron sicher seinen Platz einnehmen."

„Da werdet ihr noch ein wenig warten müssen, Rufus. Florindos Trawler hat sich inzwischen in den „Brüllenden Vierzigern" im Südpolarmeer selbst versenkt, weil ihn die See-Shepherds zu sehr in die Mangel genommen haben. Der Big Boss in Galicien zeigt aber bisher keine Neigung, seiner „Thunder" in den Abgrund der Hölle zu folgen."

„Applaus, Max, ich melde mich wieder, wenn ich heute mit Caplonch von der Kripo gesprochen habe."

Katzer steckte sein Handy ein, erreichte die Autobahn und blieb auf der Überholspur, bis er das Polizeipräsidium erreicht hatte. Dort brauchte er etwas länger, bis er das neue Büro der frisch beförderten Isabel gefunden hatte.

Er öffnete vorsichtig ihre Tür, da auf sein Klopfen keine Antwort erfolgt war. Sie telefonierte gerade und winkte ihm mit der linken Hand, sich still zu verhalten. Er nahm geräuschlos Platz und wartete minutenlang. Am Schluss des Gespräches sagte sie „Vielen Dank, Capitán Noguera" und sah ihn dabei vielsagend an.

„Dein zu früh verstorbener Freund Paco war bei der Polizei kein Unbekannter", grinste sie. „Ein paar Vorstrafen als Hehler und Dealer, auch mal ein wenig Koks für gute Kunden. Auf seinem Bankkonto sind vor seinem Tod 50.000 € abgehoben worden. Er hat sich als Informant bei der Polizei erkenntlich gezeigt, um den Staatsanwalt milde zu stimmen. Er war bereit, den Ermittlern beim Zugriff auf wichtige Lieferanten zu helfen."

„Er stand kurz davor, eine Tauchschule zu gründen und ein ehrenwerter Bürger zu werden."

„Leider hat er beim Besuch des U-Boot-Wracks erneut in ein Wespennest gegriffen," tadelte Isabel.

„Niemand konnte ahnen, dass 50 Meter unter dem Meeresspiegel bei Alcudia eine Katastrophe lauert. Das Boot ist vor 70 Jahren versenkt worden."

„Bist du sicher, dass er nichts wusste? Paco war ziemlich gut vernetzt. Er war ‚enchufado', wie das die Spanier nennen. Das kommt von ‚enchufe', dem Stecker, und nur wenn du hier überall deinen Stecker drin hast, bei den Behörden, der Kirche, den Banken, der Justiz oder der Politik, kommst du weiter im Leben. Dann bist du ‚enchufado'. Du musst einen kennen, der einen kennt."

Katzer tat, was er am besten konnte. Er machte ein dämliches Gesicht. Wusste sie nicht, mit wem sie sprach? Als Journalist hatte er sein Leben lang nichts anderes geübt, als ‚enchufado' zu sein. „Ich kenne immerhin dich und du kennst Caplonch."

„Und du kennst unseren Chef seit wann? Ist dir nie die Idee gekommen, dass der Caplonch von Menorca und der Caplonch von Mallorca eine Familie sind?"

„Dein Chef hat nie mit mir darüber gesprochen."

„Mit mir auch nicht, ehe die ganze Scheißgeschichte mit der versenkten B1 und dem Mord an Paco dieser Tage hochkam. Ein von den Faschos erschossener Kapitän Caplonch als Großvater unseres Chefs der Mordkommission ist vielleicht zu heikel, um als Thema zwischen Tür und Angel abgehandelt zu werden."

„Wo du Recht hast, hast Du Recht."

„Ich habe Caplonch noch nie so außer Fassung erlebt. Er fragt sich, was Paco wirklich wusste und ob er ihn erpressen wollte. Er will bis in in die Hölle und zurück, um diesen Fall zu lösen."

„Das trifft sich gut. Paco hat die galicische Mafia als Wurzel des Übels vermutet. Das sind keine Einzelpersonen, sondern viele schweigende Schichten der galicischen Gesellschaft mit grausamen keltischen Göttern an der Spitze."

„Es gibt da genauso viele normale Menschen wie hier."

„Ich weiß nicht, ob das ein Trost ist. Ich hab' gerade mit Interpol gesprochen. Unser Freund Max Friedmann sagt, die Norweger sind schon seit Jahren hinter dem Boss der galicischen Mafia her."

„Ohne Erfolg."

„So ist es. Der gehört zu den Unberührbaren. Deshalb standen erstmals in der Geschichte von Interpol kein Mensch, sondern zwei Schiffe auf der Fahndungsliste, die „Thunder" und die „Viktor". Beide Schiffe sind inzwischen eliminiert. Aber ‚El Santo' läuft immer noch frei herum, weil die spanische Justiz ihn wegen seiner Verbrechen in internationalen Gewässern nicht belangen kann. Ein Mordanschlag auf heimischen Boden schafft jetzt eine neue Ausgangslage für die Strafverfolgung."

„Nur wenn wir Beweise haben. Bisher gibt es wenige Fakten für die Mordermittlungen an Paco. Die Ursache seiner Kopfverletzung ist unklar und die Briefbombe, die du herumgeschleppt hast, bietet außer deinen Fingerabdrücken und dem Sprengstoff auch keine Hinweise. Das Explosionszeug war von geringer Stärke. Seine Wirkung beim Empfänger ist eher zweifelhaft."

„Zeigt doch der Nachbarin, die das Päckchen angenommen hat, mal Fotos der Kontaktpersonen von Paco. In der Verbrecherkartei könnte doch was vorhanden sein."

„Wir haben sie gebeten, sich heute vor unseren Computer zu setzen und die Gesichter aus Pacos Bekanntenkreis zu studieren. Wer kümmert sich eigentlich um ihn, wenn der Leichnam vom Forensiker freigegeben ist?"

„Ich denke, sein Freundeskreis wird das in die Hand nehmen."

„Caplonch will übrigens jeden Teilnehmer von eurem Tauchevent zum U-Bootwrack persönlich vernehmen. Du machst den Anfang. Bist du bereit?"

„Ich brenne darauf."

Katzer marschierte schweigend neben Isabel zum Büro des Kripo-Chefs. Der Allgewaltige thronte entgegen seiner Gewohnheit nicht über den Akten, sondern stand vor dem Fenster und sah auf die Stadt herab. Die Klimaverglasung hielt die Tageshitze und den Baustellenlärm draußen. Katzer ging leutselig auf ihn zu, um ihn als alten Bekannten zu grüßen: "Wie geht es Ihnen?"

„Ich stelle hier die Fragen. Woher hatten Sie die Koordinaten für Ihren folgenschweren Tauchausflug vor Alcudia?"

Katzer ließ seine zum Gruß ausgestreckte Hand wieder sinken.

„Die waren mir nicht bekannt. Die Koordinaten hatte der Skipper, ich meine Paco Teruel, der das Wrack schon zwei Tage vorher besucht hat."

Caplonch schritt zum Schreibtisch. „Setzen sie sich. Jahrzehntelang hat sich niemand um dieses U-Boot gekümmert. Plötzlich fällt eine Rotte von Verrückten darüber her. Die tragische Folge sind bisher zwei Tote und ein Mensch im Koma. Was sagen sie dazu?"

„Niemand von uns konnte das ahnen."

„Wirklich nicht? Wollen sie behaupten, sie haben sich völlig unvorbereitet in 50 Meter Tiefe gestürzt, um ein versenktes Kriegsschiff zu besichtigen?"

„Natürlich nicht. Die Taucher waren sorgfältig vorbereitet. Ich selbst war nur Begleiter."

„Ach so. Und der polizeibekannte Paco Teruel und seine russische Begleiterin - rein zufällig dabei oder vorbereitet?"

„Die waren verdammt gut vorbereitet, jedenfalls viel besser, als ich geahnt hatte. Aber vom Schicksal unserer beiden Freunde waren sie genauso schockiert wie wir alle. Und einen politischen Zusammenhang halte ich für ausgeschlossen."

„Wissen Sie das oder glauben sie es bloß"?

„Für Nachforschungen war meine Zeit zu kurz. Wissen tu ich gar nichts. Ich weiß nicht mal, ob sich Tino und Thomeu eines Risikos bewusst waren, als sie das U-Boot von innen besichtigten. Aber von meinem alten Bekannten Caplonch möchte ich jetzt wissen: war ihr Großvater Kapitän dieses U-Boots und wurde er von Francos Banden am Ende des Bürgerkrieges erschossen?“

Der Kripo-Chef sah jetzt älter aus als er war. „Mein Großvater starb im Krieg. Meine Kompetenz ist auf den Rechtsstaat und seine Verfassung vom Jahr 1978 beschränkt. Dies ist eine offizielle Vernehmung. Alles hier Besprochene wird protokolliert und muss von Ihnen unterzeichnet werden.“

„Einverstanden. Sprechen wir einen Moment außerhalb des Protokolls.“

„Gut. In meiner Familie waren alle Republikaner. Kapitän Caplonch war mein Großvater. Und ja: er ist von Francos Söldnern erschossen worden. Da ich Sie hier aber als Tatverdächtigen am Tod von Paco Teruel vernehme, kann ich sie leider nicht bitten, meine Familiengeschichte in falsche Zusammenhänge zu bringen und eine entstellende Sensationshascherei zu betreiben. Ende des inoffiziellen Teils.“

„Ok. Ich habe von Paco erfahren, dass Ihr Großvater 1939 standrechtlich als U-Boot-Kapitän erschossen wurde. Zehn Jahre nach Ende des Bürgerkrieges wurde das U-Boot von der Kriegsmarine 1949 in die Bucht vor Alcudia geschleppt und bei einem Übungsschießen versenkt. Als ob ein Schlussstrich unter ein großes Geheimnis gezogen werden sollte. So ist es uns, die wir am Tauchevent beteiligt waren, jedenfalls erschienen. Und wenn der Tod unserer beiden beteiligten Freunde keine Bestätigung dieser Vermutung ist, was dann?“

„Vielleicht ein technisches Versagen? Oder Paco Teruel hat die Taucher wissentlich in den Tod geschickt? Haben Sie ihn deshalb ermordet?“

„Paco hat sich aufgrund seiner Nachforschungen bestätigt gefühlt, dass es zwischen der Geschichte des U-Bootes und dem galicischen Mafia-Boss einen Zusammenhang gibt.“

„Diesen Zusammenhang werde ich finden, wenn es ihn gibt.“

„Das verbindet uns. Ich habe das gleiche Ziel“.

„Um Gottes willen, nur das nicht. Ich hatte gehofft, sie vor meinem Berufsende nicht mehr zu sehen, sie Unruhestifter. Apropos gleiche Ziele – ich habe bereits mit Max Friedmann von Interpol gesprochen. Wir werden uns mit den Norwegern in Verbindung setzen.“

6. Kapitel

Katzers Handy meldete am Nachmittag eine SMS aus der Kripozentrale. Isabel hatte ihm ein Foto geschickt, das nach Aussage von Pacos Nachbarin den Boten zeigte, der die Briefbombe überbracht hatte. Katzer starrte wie elektrisiert auf das Display. Er kannte das Gesicht. Der Mann sah aus wie einer der vier Landarbeiter, die er auf Fartaritx gesehen hatte. Er gab Isabel postwendend seine Erkenntnis zurück.

Er lud die hinterbliebenen Freunde vom Rudel in das kleine Café nahe von Pacos Bootsschuppen in Port Alcudia ein, wo sie zusammengesessen hatten.

„Hallo Leute, ich habe Neuigkeiten.“

Rafa, Nacho, Pepe und Lupo ließen höfliches Interesse erkennen. Er zeigte ihnen das Bild des mageren Wirrkopfes, der nach Meinung von Pacos Nachbarin der Bote mit der Briefbombe gewesen sein konnte. Alle reckten die Hälse. Lupo war sicher, die beiden zusammen gesehen zu haben.

„Die haben Bier getrunken in Port Soller und mich eingeladen, mitzutrinken. Das war im letzten Jahr. Der Wirrkopf hat über die erschöpften Fangquoten im Mittelmeer gefaselt und Paco hat angekündigt, endgültig auszusteigen und eine Tauchschule zu gründen. Eben Fischer unter sich. Ich bin bald wieder gegangen.“

Katzer teilte ihnen mit, dass Paco nicht als armer Mann gestorben sei. „Er hatte 50.000€ auf dem Konto, aber einen Tag vor seinem Tod alles abgehoben. Das Geld ist weg. Wir müssen zusammenlegen, um ihn anständig unter die Erde zu bringen.“

„Wenn wir ihn mit Tino und Thomeu im Massengrab zusammentun, kriegen wir vielleicht Rabatt“, witzelte Lupo. Keiner lachte. Lupos Humor war manchmal etwas ranzig. Katzer erinnerte daran, dass Thomeu noch lebe und Tino schon eingeäschert sei. Er versprach, alle auf dem Laufenden zu halten.

„Die Lage ist verdammt ernst. Keiner von uns weiß, was noch auf ihn zukommt. Ich habe Noa als promovierte Mathematikerin gebeten, an der Uni von Salamanca nachzuforschen, was es mit dem geheimnisvollen Wissenschaftler auf sich hat, der auf der B1 sein Unwesen getrieben haben soll. Es gibt da merkwürdige Zusammenhänge."

„Was ist daran merkwürdig?" wollte Pepe wissen. „Bisher waren es doch alles Taucher, die gestorben sind." „Nicht wenn man die Vorgeschichte betrachtet", widersprach Katzer. „Der alte Caplonch war der Kapitän des U-Boots, das wir besucht haben."

„Eine sinnlose Aneinanderreihung von Absurditäten", sinnierte Rafa und strich seinen Bart. „Wenn das so weitergeht, endet Rufus doch noch vor Gericht wegen Pacos Tod", schloss sich Nacho an. „Wir müssen was tun."

„Stellen wir das Foto des Wirrkopfs doch ins Internet. Wer kennt das Ungeheuer aus der Tiefe? Jetzt auch oben in der Alm aktiv oder so." Nacho schaute fragend in alle Gesichter.

„Der braucht nur einen Haarschnitt und keiner erkennt ihn wieder" schüttelte Katzer den Kopf. Im Rudel machte sich Ratlosigkeit breit. Nacho hatte eine andere Idee. „Tino hat doch alles gefilmt. Wir bitten seine Frau um die Kamera und schauen uns alles nochmal genau an." Katzer nickte. „Wir sollten den Film auch der Kripo zur Verfügung stellen. Bereitet euch darauf vor, dass ihr alle demnächst Besuch von der Polizei bekommt. Sie werden euch Fragen nach dem Tauchevent stellen. Die übliche Routine."

Sie vereinbarten, sich alle am morgigen Nachmittag bei Nacho zu treffen. Er war professioneller Informatiker und hatte ein Gerät zur Wiedergabe, das mit allen technischen Möglichkeiten wie go-slow, fast foreword, Vergrößerung und Rücklauf ausgestattet war. Er wohnte in der Altstadt von Sineu. Alle mussten weit laufen, um ihr Auto zu parken. Die Erwartungen waren groß. Die Frauen hatten Häppchen und Salat vorbereitet, auch die Frauen von Tino und Thomeu waren gekommen. Es herrschte eine Spannung wie vor der Oskar-Verleihung.

Womit Katzer nicht gerechnet hatte, war Tinos Stimme. Du hörst einen Kumpel seit Jahren in allen Situationen des Alltags. Jetzt aus dem Jenseits klingt es auf einmal fremd. Furchtbar endgültig.

Nüchtern wie einen Wetterbericht gab Tino Datum und Uhrzeit des Tauchgangs an. Er schaltete die Kamera ein. Das Licht wich dem zunehmenden Grau, je tiefer sie kamen. Als sie das Wrack erreicht hatten, schien ihr Sturzflug in den Abgrund beendet.

Es folgte ein langer Blick vom Bug des U-Boots bis zum Heck, das im Dunkeln verschwamm. Es fehlte nur noch eine pathetische Filmmusik, die den grün oxydierten Stahlkoloss mit den Geigen und Posaunen der Ewigkeit präsentierte. Der Rumpf lag um 45 Grad gekippt auf dem Sandboden. In der aufgeräumten Gegenwart des Zimmers wurden die Betrachter von einem lastenden Schweigen erdrückt, das vom Rhythmus der Atemgeräte noch verstärkt wurde.

Die Fischschwärme zeigten nur kurz ihre Farben, wenn sie vom Strahl einer Taschenlampe getroffen wurden. Tino hatte kein Auge für sie, seine Kamera suchte den Eingang. Das Filmgerät und der Strahl der Taschenlampe drangen ins Innere. Sie verweilten im Zugang des einstigen Schlafsaals, um kurz das Gesicht von Thomeu zu zeigen. Er blickte die Zuschauer an, als wäre es ein Abschied für immer.

Wieder außerhalb des Wracks, wurde die Begegnung mit den übrigen Tauchern des Rudels gezeigt, wobei jetzt einfach fünf Männer im Bild waren, die sich nicht voneinander unterschieden. Sie gestikulierten, betasteten den Rumpf und schauten angestrengt auf ihre Uhren.

Der Liga der außergewöhnlichen Gentlemen rannte die Zeit davon, obwohl das Wrack noch unendliche Mengen davon zu haben schien. Sie erweckten nicht den Eindruck von Sporttauchern, eher von Kampfschwimmern mit einem gefährlichen Auftrag.

Die Kamera fand einen neuen Zugang, zwängte sich an verbogenen Rohren und geborstenen Trennwänden vorbei, um an einer Palette beziehungsweise einem Ding wie ein verdrehter Küchenausguss zu verweilen. Etwas schnellte empor und wirbelte Sand auf. Katzer rief „Langsam, die Szene nochmal" und Nacho schaltete auf „repeat". Ein kleiner Fisch hatte sich aus einer Vertiefung gelöst. Der Vorgang glich einer Stummfilmsequenz aus einem Horrorfilm. Kaputte Regale, Behälter mit unaussprechlichem Inhalt, „Nosferatu" lässt grüßen. In Großaufnahme waren beide Hände von Tino zu sehen, der zwischen den kaputten Petrischalen etwas Flüssigkeit in eine Ampulle füllte. Für diese Szene musste er die Kamera an seinen Kumpel Thomeu abgegeben haben. Katzer ließ die Sequenz noch einmal in Zeitlupe laufen.

Die Kamera folgte dann dem fluchtartig ins Freie schwimmenden Thomeu, der erneut dem Betrachter wie zu einem letzten Abschied das Gesicht unter seiner Tauchermaske zuwandte. Dem Ende des Films folgte ein langes Schweigen. Keiner der Zuschauer sah den anderen an. Jeder blickte ins Leere.

Interessanter Weise schien jeder Betrachter etwas anderes gesehen zu haben, auch hatte jeder an anderen Stellen eine Wiederholung oder Zeitlupe gefordert. Nichtsdestotrotz hatten alle den Eindruck, zusätzlich etwas wahrgenommen zu haben, was keiner in Worte fassen konnte.

Katzer war das Phänomen als Synästhesie bekannt. Neurobiologen erforschen es als Vermischung verschiedener Sinneseindrücke, wo Töne einen Geschmack oder Zahlen eine

Farbe haben. Es war bedrückend. Tinos Frau weinte, einige wirkten versteinert, andere verstört.

Nacho versprach jedem eine Kopie des Films. Katzer bat um zusätzliche Exemplare für die abwesende Noa und die Kripo. Er war ziemlich sicher, dass Noa mit einem anderen Bild des unbekannten Wissenschaftlers zurückkommen würde als dem Schreckensbild Nosferatus. Eher ein durchschnittlicher Streber mit Brille und gegelten Haaren.

Katzer setzte sich zu Veronica und Pilar, den Frauen der verunglückten Freunde. Das Unglück hatte die beiden von der Gruppe getrennt. Es war wie ein feiner Sprung im Glas. Durch den Unfall ihrer Männer gehörten sie nicht mehr dazu. Die anderen hatten es noch gar nicht bemerkt. Die verlassenen Frauen spürten es ständig. Niemand machte sie für das Unglück verantwortlich, wie Katzer es in Bezug auf seinen Freund Paco ertragen musste, aber das Ergebnis war das gleiche. Alle drei gehörten nicht mehr dazu. Katzer spürte, dass dieses nicht mehr Dazugehören keine neue Gemeinsamkeit für die Betroffenen schaffte. Veronica und Pilar trauerten für sich allein. Er hatte keinen Zutritt zu ihrem Leben mehr. Es erinnerte ihn daran, wie Comisario Caplonch gestern aus dem großen Fenster seines vollklimatisierten Büros geschaut hatte. Auch einer, der nicht mehr dazugehörte. Nein, falsch – dem nie erlaubt war, dazu zu gehören.

Caplonch war noch nicht geboren, als sein Großvater in einem Massengrab besiegter Republikaner verschwand. Das Ereignis war nichts, worüber man unter den nicht Dazugehörigen sprach. Überleben war alles. Caplonchs Eltern waren die Verlierer, der Abfall der Gesellschaft, die Schmutzwäsche. Sie arbeiteten schon als Kinder ohne Lohn, um ein warmes Essen in der Suppenküche der Sección Feminina der Falange zu ergattern. Sein Vater war bis ins hohe Alter Hilfsarbeiter auf dem Bau.

Caplonchs Sekretärin hatte Katzer kürzlich gesteckt, wie dessen Vater ihn zur Strafe einmal minutenlang aus dem Fenster gehängt hatte, weil er zu Hause den in der Schule erlernten Faschistengruß praktiziert hatte. So hatte er früh kapiert, öffentliche Moral und private Moral zu unterscheiden.

7.Kapitel

Katzer war aufgewühlt auf kleinen Nebenstraßen über Muro nach Pollença zurückgekehrt. Er hatte immer wieder in den Rückspiegel geschaut. Auf der einsamen Strecke wäre leicht zu erkennen gewesen, ob jemand ihm folgte. Er war der einzige, der zu dieser Abendstunde unterwegs war.

Sein altes Haus aus dicken Felssteinen gab ihm ein Gefühl der Sicherheit. Er suchte Geborgenheit nach diesem Filmausflug in die Unterwelt, der ihn in Bereiche entführt hatte, vor denen er seit Fartaritx auf der Flucht war. Er leinte Öhrchen für einen Abendspaziergang an. Ihren Pfoten ging es besser. Sie würde ihm bis ans Ende der Welt folgen.

Er hatte den ganzen Tag den Wunsch unterdrückt, Neues von Noa zu hören. Als er jetzt nervös ihre Nummer eingab, hatte er Angst, wieder einmal zu spät zu kommen. Sein Puls beschleunigte sich mit jedem Rufzeichen und raste, ehe sie annahm.

„Hallo Noa, wir haben heute alle Tinos Film über den Tauchgang zum Wrack gesehen. Es war wie eine Rückkehr ins Reich der Toten. Die Unterwelt hat sich aufgetan, ich krieg den Geruch nicht mehr aus der Wäsche."

„Erzähl mir lieber was Fröhliches. Ich bin so müde. Ich musste heute nach 14 Stunden Arbeit Schluss machen, weil ich in der Bibliothek eingeschlafen bin. Ich habe ein Tagebuch des jungen Titus gefunden. Er war schon Faschist, als er noch in die Windeln pisste. Den Bürgerkrieg hat er in der Republik unter falschem Namen überlebt. Er hat seine Papiere mit einem linken Studenten namens Fresco Cortés getauscht, der bei einem Bombenangriff auf Madrid gestorben ist."

„Ein falscher Fresco im echten Titus, das ist kurios. Wenn er als Fresco Cortés auf unserem U-Boot gelebt hat, verstehe ich, warum der alte Kapitän Caplonch sterben musste. Es durfte am Ende des Bürgerkrieges keine Zeugen des Identitätswechsels geben.“

Katzer hatte in seiner Erregung von „unserem U-Boot“ gesprochen. Noa bemerkte den Lapsus nicht oder überging ihn. Sie drängelte.

„Wir müssen das Tagebuch kopieren. Du musst mir helfen, es rauszuschmuggeln. Ich habe keinen Plan.“

„Wir müssen es austauschen. Mach ein Foto vom Buchdeckel und kopiere die ersten Seiten. Ich fliege morgen nach Santiago und lasse mit Deinem Material ein Duplikat anfertigen. Das tauschst Du gegen den echten Folianten bis er kopiert ist. Das kriegst Du hin, oder?“

„Muss ich probieren. Das Ding ist eine recht handliche Kladde, leicht unter der Jacke zu transportieren. Aber das ist der kleinste Teil meiner Arbeit. Als Wissenschaftler war Titus ein Genie, nur mit Leonardo da Vinci vergleichbar. Ein richtiger Renaissancemensch. Und er hat wie da Vinci oft eine Geheimschrift verwendet, aber viel komplizierter als sein Vorbild. Ich werde den Code knacken, oder ich gebe meinen Doktortitel zurück.“

„Wenn Du das schaffst, taufen wir Dich um in Noa da Vinci.“

„Das wäre nur angemessen.“

„Mach Dich auf was gefasst. Ich komme morgen.“

Katzer machte sein Flugticket nach Santiago klar und fühlte sich der Unsterblichkeit einen Schritt näher. Nachdem er mit seiner Nachbarin die Futtertermine für seine Fellnasen vereinbart hatte, versorgte er sich selbst mit einem gehaltvollen Rotwein und lud den Akku seines Handys für den kommenden Tag auf. Es würde viel zu erledigen geben. Da Santiago eine Universitätsstadt war, war zumindest kein Mangel an Copyshops zu befürchten.

Er träumte unruhig und versuchte sich vorzustellen, wie er als Agent der Falange unter dem Namen Fresco Cortés und einer vorgetäuschten linken Identität im republikanischen Lager überlebte. Obwohl er immer gern im Schülertheater gespielt hatte, gelang es ihm nicht, die Rolle überzeugend darzustellen. Er stieg aus dem U-Boot-Turm, sang „Cara al Sol" und hatte den Mund voll Wasser, was zur Hymne der Falange passte, als wäre sie beim Zähneputzen entstanden.

Er erwachte schweißgebadet und stellte fest, dass seine Hündin Trost unter seiner Decke gesucht hatte. Das Tier witterte offenbar, dass ihr Mensch sie schon wieder verlassen wollte.

Erst in zwei Stunden würde es hell werden. Für einen erneuten Tauchgang in den Schlaf fühlte er sich ebenso wenig fit wie fürs Aufstehen. Er entschloss sich, den Rest der sternklaren Nacht auf seiner Dachterrasse im Korbsessel zu verbringen, um beim Betrachten der Sternbilder wieder einzudösen. Als er endlich erwachte, waren Pollenças Dächer und die Umgebung in Glut gemeißelt. Er genoss den letzten Moment der Kühle und war froh, bald in den Norden der spanischen Halbinsel zu fliehen.

Naher Flugzeuglärm irritierte ihn. Die Tag und Nacht kommenden Verkehrsflugzeuge Palmas hätte er gar nicht wahrgenommen. Das Geräusch über ihm war viel tiefer und kam aus der entgegengesetzten Richtung. Es war das gelbe Wasserflugzeug aus Port Pollença, dicht gefolgt von einem Hubschrauber. Bald darauf kamen zwei Doppeldecker mit Cargofracht. Offenbar tobte ein Waldbrand im Nordwesten der Insel.

Genaueres konnte er nicht mehr ermitteln. Er musste sich beeilen, den Direktflug nach Santiago zu kriegen. Der übliche Hindernislauf durch das überfüllte Parkhaus am Flughafen, Pflichtübung für einen gelernten Mallorquiner, nährte seinen Wunsch nach einem Sonderzugang mit Rolltreppe für Spätankömmlinge ohne Gepäck.

Der Zweistundenflug nach Santiago machte deutlich, welche Fortschritte der moderne Mensch seit der Erfindung des U-Boots beim Ausnutzen engster Räume gemacht hat. Vielleicht hätte er seine Beine als Sondergepäck abgeben müssen, um sie irgendwo abzustellen. Obwohl er einen Platz am Mittelgang gewählt hatte, konnte er seine Knochen nicht ausstrecken, da das Bordpersonal ständig Getränkewagen hin und herschob.

Normalerweise erreichten die Pilger das Grab des Apostel nach wochenlanger Wanderung auf dem Jakobsweg im Zustand der Läuterung. Wenn Katzer je etwas wie einen Hauch von Läuterung erfahren hatte, war das in der Arrestzelle der Guardia Civil passiert. Ein todbringendes U-Boot hatte ihn erst in den Knast und dann weiter nach Santiago de Compostela gebeamt. Nicht an das Grab eines Suchers nach ewigem Leben, sondern eines Vollenders des ewigen Todes. Katzer hatte bisher nicht eine Sekunde über diesen Widerspruch nachgedacht. Der „Heilige", den er suchte, El Santo, versprach keine Läuterung, sondern Verdammnis.

Jeder Schritt und jeder Atemzug in Galicien sollte ihn tiefer in diesen Konflikt zwischen Verheißung und Verhängnis treiben. Ist das Hemd einmal schief geknüpft, bleibt nur, von vorn anzufangen. Der Bürgerkrieg lag eine Generation zurück. In Galicien, der Heimat Francos, hatte er gar nicht stattgefunden. Dennoch waren hier 4699 Anhänger der Republik einfach ermordet worden. Diese Fakten hatte Katzer nicht aus der Tourismuswerbung.

Eine der Ermordeten war die 29jährige Lehrerin Mercedes Romero Abella gewesen, Mutter und Angehörige der Gewerkschaft UGT. Ihr wurden die Brüste abgeschnitten, sie wurde vergewaltigt und dann erschossen. Das schwarze Auto hielt vor ihrer Tür, bevor sie dem Rat folgen konnte, „nach Spanien" zu fliehen. Sie endete in einem inzwischen geöffneten Massengrab. Das Mörderpack wurden nie belangt.

Katzer fand es bezeichnend, dass viele Galicier das benachbarte Spanien als Ausland ansahen. Er hatte seine Schularbeiten zu spät gemacht und fragte sich noch im Flugzeug, wie er Noa diesem Leichtsinn aussetzen konnte, sie nach „finis terra" zu schicken, dem Arsch der Welt.

Gleich nach der Landung in Santiago rief er seinen Rotschopf an und vereinbarte ein Treffen mit ihr in der Uni. Er erreichte die Innenstadt mit dem Bus. Die Stadt ist ein Bilderbuch, das die Kathedrale über dem Grab des Apostel umgibt. Die altehrwürdige Alma Mata ist quasi die verlängerte Studierstube der Kirche.

Er war zur vereinbarten Zeit in der Mensa. Noa kam eine halbe Stunde zu spät. Sein Ärger verflog in dem Moment, als er sie sah. Ihr Anblick war hinreißend komisch. Sie trug eine Herrenjacke, die viel zu groß war. Sie hatte die Ärmel hochgekrempelt und die Knöpfe offengelassen. Darunter war ihr Pullover.

„Mach Dich nur lustig, Witzbold. Mein Pullover ist zu eng, um darunter unauffällig Bücher zu transportieren. Ich habe meinen Hausfreund von der Uni um Schützenhilfe und um seine Jacke gebeten, um die Kladde rauszuschmuggeln, von der wir geredet haben. Was Du Dir mit dem Duplikat ausgedacht hast, hätte nicht funktioniert. Jetzt zieh diese Jacke an, lass die Kladde kopieren, die ich rausgeschmuggelt habe und sei in spätestens zwei Stunden zurück. Länger kann ich nicht warten."

„Ich dachte, wir essen erst mal was."

„Tickst Du noch richtig? Jede Minute zählt. Besser Du kommst in einer Stunde, statt das Zeitlimit zu strapazieren. Wenn Du versagst, ist alles im Eimer." Sie hatte die Jacke bereits ausgezogen und samt Inhalt rübergereicht.

„Mach keine Scherze . . ."

„Die Uhr tickt!"

Katzer nahm das Jackett auf den Arm und verschwand. Er wollte nicht riskieren, dass ihm das Textil zu klein war und sie gemeinsam eine Dick-und-Doof-Nummer abzogen. Im ersten Copyshop, den er fand, war Selbstbedienung und alle Geräte waren besetzt. Er fragte einen der emsigen Studenten nach anderen Läden und fand nach fünf Minuten im Eilschritt ein Geschäft mit zwei Bedienern, die Blätter in die Kopierer schoben. Sie beachteten weder ihn noch sich selbst. Er folgte seinem Instinkt, trat auf den einen zu und suchte Körperkontakt.

„Ich habe hier 150 bis 200 Seiten, die ich sofort brauche. Ich zahle 200€. Geschäft?"

Der Typ sah ihn nicht an, griff seine Geldscheine und die Kladde und sagte „Da ist ein Stuhl. Einseitig oder vor/rück?"

„Was geht schneller?

„Vor und Rückseite."

„Ok."

„Wenn Du noch einen Fuffi drauflegst, biste jetzt dran und in 30 Minuten wieder draußen."

Katzer angelte einen weiteren Schein. Er saß nur mit halbem Hintern auf seinem Stuhl, sah auf die Uhr und war nach einer knappen halben Stunde wieder auf der Straße. Trabte jedoch in die falsche Richtung und verlief sich. Er tröstete sich damit, eine bessere Menschenkenntnis als Ortskenntnis zu besitzen. Noa stand bereits am Eingang der Uni und wartete mit ungeduldigem Blick auf die Uhr.

„55 Minuten. Ich wusste, Du schaffst es. Hätte mich sehr gewundert, wenn nicht."

„Unmögliches sofort, Wunder etwas länger."

Er gab ihr die Jacke mit Kladde zurück, das Bündel Kopien knickte er längsseitig und steckte es in den Gürtel zum Gehen. Sie lächelte müde.

„Was ist mit Essen?"

Sein sieghaftes Grinsen entgleiste.

„Verdammt, ich lauf mir den Wolf, damit Du länger Siesta machen kannst?"

Sie brach in Tränen aus.

„Arschloch. Du hetzt mich ans Ende der Welt und den Rand meiner Nerven. Ich rotiere seit 48 Stunden im Uni-Keller, ich esse und schlafe nicht, weil ich meinen Partner verloren habe, und Du willst Lob, weil Du so ein smartes Kerlchen bist? Gratuliere!"

„Komm, lass uns Essen!"

„Aber nicht hier. Ich bringe schnell dieses Ding zurück, das nie ans Tageslicht durfte und dann führst Du mich in das beste Restaurant der Stadt."

Während sie im Gebäude verschwand, las er die ersten Sätze des kopierten Tagebuchs. Im stockte der Atem. Er war sicher, mit Titus geheimer Geschichte einen Schatz in den Händen zu halten.

Die ersten Seiten waren mit einem handgezeichneten Lageplan von Teilen des Madrider Universitätsgeländes und einem angrenzenden Wohnblock gefüllt. Titus hatte Straße und Hausnummer seiner Wohnung angegeben und notiert, dass er hier als Student bis November 1936 gewohnt habe. Für ihn sei das Haus, das er mit anderen Studenten und bürgerlichen Familien teilte, ein Glücksfall wegen der unmittelbaren Nachbarschaft zur Uni gewesen. Als feuriger Fürsprecher der Falange sei er allerdings seit Ausbruch des Bürgerkrieges seines Lebens in Madrid nicht mehr sicher gewesen, bis gestern sein Haus bei einem faschistischen Bombenangriff in Schutt und Asche gelegt wurde.

„Ich hatte Glück im Unglück und war unterwegs, als die Bombe einschlug. Je mehr Bomben die letzten Wochen gefallen sind, desto besser ist es mir persönlich gegangen. Bei dem Chaos kümmern sich die Leute mehr um sich selbst als um andere. Arriba Franco".

Titus beschreibt, wie er in die Ruine seines zerbombten Hauses stürmt und in der verwüsteten Nachbarwohnung die Leiche eines Kommilitonen findet. Der war ein Anarchist. Er nimmt den Ausweis und die Immatrikulationspapiere des Toten und verlässt das zerstörte Haus für immer.

„Ab heute bin ich Fresco Cortés."

Wow!

Katzer durchfuhr ein Schauer. Ein Faschist im Körper eines Anarchisten. Die Schlauheit des Fuchses gepaart mit den Zähnen des Tigers. Egal wie der Krieg endete, Titus oder Fresco würden immer der Sieger sein.

„Ich sterbe vor Hunger, wo gehen wir hin?"

Noa hatte sich bei ihm untergehakt und ihrer Tarnjacke entledigt.

„Würdest Du lieber ein Fuchs oder ein Tiger sein?"

„Das entscheide ich vor der Speisekarte."

„Versuchen wir ‚Dos Reis' im Keller des Parador-Hotels. Nur wenige Schritte von der Kathedrale entfernt. Es ist groß genug, da kriegen wir mittags bestimmt einen Tisch ohne Reservierung."

Es war das einzige Restaurant, das ihm auf der Suche nach einem Copyshop aufgefallen war.

Sie betraten ein riesiges Kellergewölbe und kamen sich nicht verloren vor. Es war gut besucht, die Kellnerin führte sie zwanglos an einen der freien Tische unter den mächtigen Steinbögen, die eine Kathedrale getragen hätten. Die Leuchter in der Gewölbemitte spendeten ein sanftes Licht, das ein Gefühl von Geborgenheit inmitten des riesigen Raumes gab.

Katzer ließ sich erleichtert in seinen Stuhl sinken. Noa sackte bis fast auf die Tischkante.

„Bleiben wir einfach hier bis ans Ende unserer Tage. Ich lese Dir ein Kapitel aus Titus Tagebuch vor. Dann essen wir einen Gang, und dann lese ich das nächste.“

„Mich erinnert das an meinen Platz in der Bibliothek. Allerdings gibt es hier weniger Bücher und mehr Licht. Wenn ich jetzt Weißwein zum Fisch nehme, bin ich gleich betrunken. Ich werde ihn trotzdem trinken und dann gleich bis morgen schlafen. Bestell schon mal ein Zimmer für mich im Hotel.“

„Du lässt die Vorspeisen kommen, ich klär das mit dem Zimmer. Irgendwas muss da in einem Zentrum der Pilger wohl zu machen sein.“ Er eilte in den benachbarten Empfang des mittelalterlichen Hotelgebäudes mit prächtigem Innenhof, nur um zu erfahren, dass die Zimmerreinigung noch nicht abgeschlossen und die Einzelzimmer alle vergeben seien.

„Dann eben ein Doppelzimmer und der Gast kommt in einer Stunde. Ich zahle im Voraus.“

Er fragte sich, welcher Teilnehmer am Ziel der Pilgerschaft bereit war, 199€ für seine Übernachtung zu berappen. Aber ein Doppelzimmer mit Himmelbett und Luxusbad im Zentrum war den Preis sicher wert. Bei seiner Rückkehr wurde gerade die Vorspeise serviert – ein hübsches Nichts auf kühnen Tellern genial angerichtet. Noa schenkte der Küchenkreation keine Beachtung. Sie hatte sich in dem von Katzer zurückgelassenem Tagebuch festgelesen.

8. Kapitel

Tagebuchauszüge von Titus del Maron alias Fresco Cortés , in seinem persönlichen Nachlass an der Universität von Santiago hinterlegt.

Stark verkürzt und nach bestem Können aus einer schwer lesbaren Handschrift entziffert. Das Tagebuch beginnt mit einem handgezeichneten Stück Straßenplan nahe der umkämpften Universität von Madrid samt einer Wohnstraße und Hausnummer. Die Zeichnung geht über zwei Seiten. Die Hausnummer ist angekreuzt.

Hier habe ich bis heute gewohnt, neben gutbürgerlichen Nachbarn und einem Studenten. Es ist vorbei. Alles weg. Das Haus ist ein Trümmerhaufen. Getroffen von einer Bombe der Aufständischen. Meine Wohnung unter dem Dach ist hin. In der ebenfalls zerstörten Nachbarwohnung liegt ein Toter. Die Leiche ist mir unsympathisch. Fresco Cortés, Gewerkschafter der Federación Anarquista Ibérica, ein Ekel, mit dem ich mich oft angepestet habe.

Ich nehme seinen Ausweis und stecke sein Gewerkschaftsabzeichen an. In den Trümmern der Wohnung finde ich noch die Papiere seiner Immatrikulation. Ich nehme alles mit und verlasse das Haus für immer. Mit der Identität meines Feindes.

Ich bin jetzt Fresco Cortés, *der Anarchist.*

Samstag, der 21. November 1936. Heute haben sie José Antonio Primo de Rivera im Gefängnis ermordet, unseren Gründer der Falange. Unser Kampf hat gerade erst begonnen, Genosse! Egal, ob wir dieses Regime von innen oder von außen bekämpfen. Der Sieg ist unser! Arriba Espania!. . .

Täglich heulen jetzt die Sirenen. Fliegeralarm. Sobald ein paar deutsche Stukas am Himmel auftauchen, wälzen sich Massen von Menschen in Bunker und U-Bahnschächte. Mütter mit Kindern, alte Leute am Stock, manche mit wenigen Habseligkeiten im Rucksack, andere um das nackte Leben laufend, flüchten vor dem drohenden Geschwader. Gebäude werden getroffen, Helfer räumen Straßen frei, Brände werden gelöscht.

Meine Lage in Madrid wird von Tag zu Tag unerträglicher. Die Hexenjagd auf die 5. Kolonne nimmt groteske Züge an. General Mola (von den Aufständischen) hätte besser sein Maul gehalten. Stattdessen musste er prahlen, dass er mit 4 Kolonnen gegen Madrid vorrückt, die Offensive aber von der 5. Kolonne in der Stadt selbst vorgenommen wird. Die Internationalen Brigaden tragen ihren Terror auf die Straßen und ermutigen den Pöbel, alles an die Wand zu stellen, was Anstand und Würde verkörpert . . .

Ich wurde heute von wütenden Passanten umringt. Einer behauptete, mich als Falangistenführer vom Campus zu kennen. Sie grölten „An die Laterne mit ihm!"

Ich sah mich bereits als Straßenschmuck im Wind baumeln und brüllte zurück.

„Kampf den Provokateuren und Spaltern! Nieder mit den Feinden des Volkes! Ich bin Fresco Cortés und Gewerkschafter der Federación Anarquista Ibérica. Lang lebe die internationale Solidarität" Dabei fuchtelte ich mit dem Anarcho-Blatt „Tierra y Libertad" vor ihren Nasen herum, das ich immer gut sichtbar in der Jackentasche trage.

Ich gehe ein Stück mit ihnen und brülle ihre Parolen, ehe ich schnell in einer Seitenstraße verschwinde. Bloß weg aus Madrid, zu großes Risiko hier. Wie der Tag zeigt, bin ich kein Unbekannter.

Zu viele Propaganda-Auftritte auf dem Campus und den Plätzen bis zur Franco-Erhebung.

Der Bombenangriff hat mein Labor unter dem Dach und meine wahre Identität zerstört. Wer bin ich? Ein Genie oder ein Invalide? Schon als ich Milchzähne bekam, habe ich Lesen gelernt und Experimente gemacht. Wir brauchen Augen für das Unsichtbare.

In Madrid konnte ich nur mein Mikroskop retten. Wo ich es aufstelle, bin ich zu Hause. Mein Mikroskop ist mein Gewehr, meine Waffe zur Welteroberung . . .

. . . . Kann es so etwas überhaupt geben? Man hört gelegentlich davon, aber man glaubt es nicht, bis es einem selber passiert. Ich habe mein Alter Ego gefunden!

Ich lese jetzt alles über den Abenteurer und Mikrobiologen Felix d'Hérelle, der die PEST MIT DER CHOLERA bekämpft. Das ist die Lösung!

Meine Forschung hatte mich schon früh zum Institut Pasteur in Paris geführt, dem Mekka der Mikrobiologie. Ich habe von der Zentrale der Telefónica in Madrid aus angerufen und mich durchgefragt.

Nach etwas Fachsimpelei mit den Kollegen haben sie mich an einen Felix d'Hérelle verwiesen. Keiner kannte seinen Verbleib. Ich habe wegen des Krieges hier bei uns um postlagernde Antwort gebeten. D'Hérelle reagierte prompt. Ein Tatmensch. Wir sind Weggefährten.

Der größte Eroberer seit Alexander dem Großen. Ein Gottgesandter – und das Beste: der bahnbrechende Biologe unserer Zeit ist Autodidakt! Er ist nicht einmal er selbst. Sein Name, selbst seine Identität sind bloß angenommen. Gibt es ihn wirklich? Zum Glück ist seine Forschung real.

Ja doch, bombardiert die Unis, schafft Platz für die Genies! Finden wir endlich die Atome des Lebens!

Dem Geheimnis so nahe - Viren als Partisanen des Lebens, Schamanen des Urschleims. In Mexico hat d'Hérelle im Vorbeigehen eine Heuschreckenplage mit Hilfe der Heuschrecken bekämpft. Mit Viren aus dem Kot der Heuschrecken, die sich in Bakterien vermehren – Bakteriophagen. Bakterienfresser. Ein Wort, das man sich merken muss.

Das Böse ist die Essenz des Lebens. Und der Grundstein des Guten.

Die Hohepriester der Macht geben vor, die Welt zu verändern. Wir Wissenschaftler gestalten sie wirklich. Heute konnte ich mit d'Hérelle persönlich telefonieren.

Vor kurzem hat Stalin ihn nach Tiflis eingeladen, um mit seinem georgischen Freund Georges Eliava ein Institut für Bakteriophagenforschung zu gründen. Ein Prachtbau im neoklassizistischen Stil mit Marmorfassade. 1200 Menschen arbeiten für das Institut, um Patienten von Ruhr, Cholera und Durchfall zu heilen.

D'Hérelle hat dem Führer der Weltrevolution eines seiner Werke gewidmet. Die Welt braucht Erlöser wie d'Hérelle, keine Stalins. In Madrid haben wir ihn schon an jeder Straßenecke. Überall auf Plakaten und Häuserwänden prangt das Portrait des Satans. Aber die Großen werden von den Größeren ersetzt und merken es nicht einmal. D'Herelle bekommt eine Villa mitten in seinem Phagenimperium.

Viren, die sich in Bakterien vermehren, lösen bis 40% aller Bakterien in den Weltmeeren auf. Das sichert unser Überleben.

Mein Überleben sichert ein Anarcho-Virus namens Fresco Cortés. . .

Auf denn. Jetzt hat sich Fresco Cortés gemeinsam mit einem weiteren Genossen der FAI auf dem Weg nach Barcelona gemacht. Mit der Bahn haben wir gerade poplige hundert Kilometer geschafft. Strecke kaputt, Anschluss ungewiss. Weiter zu Fuß. . .Ich tausche meine Schuhe mit denen eines Toten. Passt doch, wo ich schon den Namen eines Toten habe.

Wir stoppen einen offenen Lkw. Ein Sammelsurium von Anarchisten will nach Zaragossa. Kellner, Friseure, Erntearbeiter, die an der Zaragossa-Front für die Republik sterben wollen. Meinen Segen haben sie, solange sie genug Benzin für unseren Lkw requirieren.

Sie schwenken Fahnen und brüllen Parolen. Die Schlacht ist jetzt schon so gut wie gewonnen. Auf der Strecke ein totes Pferd, viel zustimmender Jubel und noch mehr Freiwillige, die alle mitwollen. Unsere Ladefläche ist total überfüllt. . .

Langweiliger Stellungskrieg in Zaragossa, schlechte Verpflegung. Wer etwas zum Essen im Rucksack dabei hat, ist König. Ich habe nur mein Mikroskop. Ich will weiter nach Barcelona. Man sagt, dass es dort Volksküchen gibt. . .

Endlich Seeluft . . . die Freiheit des Meeres. Der Hafen von Barcelona ist mein Revier. Ich helfe bei einem Fischkutter aus. Kinderkram, zuhause in Galicien gelernt. Höre viel rum bei Fischern und Seeleuten.

Ich habe schon einen Plan. Darüber kein Wort zu niemandem. Die Kriegsmarine hat ihre Admiräle über die Reling geschickt. Jetzt haben die Anarchisten das Wort. Es wird viel geredet und wenig getan. Gut so.

Wenn ich Glück habe, kann ich in zwei Wochen auf einem Schiff nach Mahon anheuern. Im Kriegshafen von Menorca leben sie wie im Frieden, sagt man. Mein Idol d'Hérelle hatte in meinem Alter schon Südamerika bereist und einen Ruhrkranken erfolgreich mit Virenfressern, den Bakteriophagen, geheilt. Er verdiente Geld mit dem Fermentieren, brannte zwischendurch Schnaps oder gründete eine Schokoladenfabrik. Täglich stößt er in Neuland vor. Ich brauche nur Ruhe und einen Platz für mein Labor. Die Schöpfung ist schaurig schön. Das größte Abenteuer unserer Zeit ist die Wissenschaft.

An zweiter Stelle folgt das Meer . . .

Der Kapitän meines Kutters hat mich mit einem gewissen Caplonch bekannt gemacht, der ein U-Boot befehligt. Imposant. Mit seiner Hilfe will ich untertauchen.

Wir hatten während der Überfahrt viel geplaudert, über das Biotop des Meeres im Allgemeinen und Menorca im Besonderen. Mein Skipper stammt von der Insel und kennt Caplonch seit dessen Heldentaten im Krieg von Marokko. Ein großer Patriot.

Dann stehe ich vor ihm. Caplonch. Ein Mann, der mit jeder Bewegung Autorität verströmt und dabei freundlich lächelt. Die blaue Uniform ist mit keinerlei Orden geschmückt. Das bloße Tuch. Eine Herausforderung.

Wir haben nicht über Politik gesprochen, nur dass ich wegen der Kämpfe nicht länger in Madrid bleiben könne und hier einen ruhigen Platz suche, um meine Forschung im Dienste der Menschheit ungestört fortzusetzen. Ich gestand meine Sehnsucht nach dem Meer und den Drang zum ständigen Austausch mit ihm.

„Man sagt, Jesus sei über Wasser gelaufen. Ich werde Wasser in Medizin verwandeln."

Sein Gesicht verriet etwas, dem ich seit meiner Kindheit nicht mehr begegnet bin – Anteilnahme.

„Und was ist das Ziel Ihrer Forschung?"

Ich dachte an alles Leid und Elend, dem ich persönlich begegnet war oder von dem ich seit Beginn des Bürgerkrieges gehört hatte. Ich dachte zugleich an Ruhm und Ehre auf den Spuren von Felix d'Hérelle. Meine Antwort kam wie aus der Pistole geschossen:

„Unsterblichkeit."

Ein Lächeln huschte über sein wettergegerbtes Gesicht. Ich weiß nicht, ob es Rührung über mein jugendliches Ungestüm war oder eine Art väterliche Nachsicht gegenüber kindischen Träumen.

„Señor Cortes, wenn Ihnen der knapp bemessene Raum nicht zu eng ist, biete ich Ihnen Gastfreundschaft als Schiffsarzt in meinem U-Boot an. Besuchen Sie mich morgen an Bord und schauen Sie selbst. Dann entscheiden Sie."

„Señor Caplonch, wenn es Sie nicht stört, dass ich die Bilder meiner Säulenheiligen über meinem Arbeitsplatz aufhänge, sind wir im Geschäft."

„Und wer sind diese Herrschaften?"

„Der Virologe d'Hérelle und Bakunin."

„Kenne ich beide nicht."

Wir nehmen uns so, wie wir sind.

Über viele Treppen abwärts zum neuen Leben. Vom Kai treppab zum U-Boot, von der Turmluke der B1 weiter abwärts in den Bauch eines Wals aus Rohren und Stahlrädern. Durch einen schmalen Gang passieren wir zur Funkerkabine. Dahinter, durch eine Wand getrennt, eine kleine Kombüse.

„Wasseranschluss, Ausguss, Gaszufuhr für Kochgeräte und Entlüftung," sagt Kapitän Caplonch. „Wenn wir die Trennwand und Tür zum Funker verlegen, bekommen Sie eine eigene Pantry als Labor und können ungestört werkeln. Reicht das?"

„Mehr, als ich je hatte, wenn nur meine Tür zum Labor verschließbar ist. Mein Arbeitsbereich ist ebenso heikel wie Ihr Torpedoraum im Bug. Ich brauche nur einen Platz für mein

Mikroskop. Den Bunsenbrenner und alles weitere Zubehör kann ich besorgen."

„Geht gleich in Arbeit."

„Wir werden Geschichte machen, Kapitän."

Für die Portraits meiner Helden ist leider kein Platz in der Pantry. Egal. Bald werden die Großen von Größeren ersetzt.

9. Kapitel

„Dieser Titus hat sich für den Messias gehalten", stellte Noa fest, nachdem sie die Tagebuchseiten zur Seite gelegt hatte.

Katzer widersprach: „Er war ein Visionär. Sein Vorbild d'Hérelle wurde zehnmal für den Nobelpreis vorgeschlagen."

„Zum Jubel der Pharmamafia immer vergeblich. Das große Geld ist mit seiner Forschung nicht zu machen. Man kann keine Patente auf Bakteriophagen anmelden."

Katzer hatte sich längst damit abgefunden, dass Noa ihn nicht nur an Schönheit, sondern auch an IQ übertraf. Viele der wissenschaftlichen Zeitschriften, die er in ihrem Zimmer gesehen hatte, stammten aus Russland und waren in Kyrillisch gedruckt. Da er nichts über Viren wusste, versuchte er, mit Allgemeinwissen anzugeben, das er seiner Google-App auf dem Smartphone entnommen hatte.

„Zum Schluss noch ein Treppenwitz der Geschichte. Titus del Maron, der im Bürgerkrieg mit falschem Namen untertaucht, verehrt den Forscher Felix d'Hérelle, der sich gleichfalls mit falschem Namen durchs Leben schlägt."

„Das ist ein Witz, oder?"

„Keineswegs. Die Geburtsurkunden von Standesamt und Kirche in Paris von 1873 weisen ihn als Hubert Augustin Felix Haerens aus, unehelicher Sohn seiner betuchten Mama aus Holland."

Sie hatten sich beide, umgeben vom prächtigen Kellergewölbes des „Dos Reis" mit seinem unwirklichen Licht, während ihrer Unterhaltung in die Enge des alten U-Bootes hinabziehen lassen und waren bei Seehecht im Speckmantel gelandet. Noa wäre vor Müdigkeit fast die Gabel aus der Hand gefallen. Katzer klapperte mit dem Schlüssel ihres Zimmers. „Statt Nachtisch ein paar Stunden Schlaf."

„Ich werde nie wieder aufwachen, wenn ich jetzt nachgebe. Ich fürchte mich vor der schrecklichen Wahrheit, die mich erwartet. Ich fürchte mich vor dem Leben ohne Paco.“

Katzer suchte vergeblich nach Trost. „Es reicht nicht, seinen Mörder zu finden. Wir müssen den finden, der seinen Tod befohlen hat. Paco hatte die Spur aufgenommen. Wir sind es ihm schuldig, ihr weiter zu folgen.“

„Das schaffen wir nie. Ich weiß, wen Paco suchte. Es gab ein altes Foto in seinem Zimmer mit einem Mann, dem er Percebeiros verkauft hat. Für ihn war es so etwas wie eine zufällige Momentaufnahme mit dem Leibhaftigen. Der Mann auf dem Bild scheute Kameras wie der Teufel das Weihwasser, und Paco wusste, warum.“

Katzer zeigte ihr auf seinem Handy das abfotografierte schwarz-weiß-Bild aus Pacos Zimmer.

„Ist er das?“

„Ja, das ist El Santo. Er, dessen Namen man nicht nennt. Die traurige Wahrheit ist, er ist schwerer zu fassen als der meistgesuchte Terrorist dieser Welt.“

„Wir sind nicht allein. Ich gebe das Foto schon mal zu den Akten von Interpol und unserer Policia Nacional. Mal sehen, was noch dazukommt.“

„Ich habe keine Angst vor dem Sterben. Ich will meinen Teil zur Suche beitragen. Das Archiv der Santiago-Uni birgt noch ungehobene Schätze. Irgendwann werden sie dort meine Knochen finden. Aber jetzt bring mich zu irgendeinem Bett. Seit ich hier bin, habe ich nur stundenweise im Sitzen geschlafen.“

Die freundliche Kellnerin brachte prompt die Rechnung, Katzer zahlte und nahm Noa am Arm, um sie in die Räume des Hotels zu führen. Noa hatte keinen Blick für den Luxus, fiel quer über das Doppelbett und schaffte es nicht mal, die Schuhe auszuziehen. Katzer nahm ihre Slipper von den Füßen, küsste ihre Zehen und zog ihr die Bettdecke bis zum Kinn. Mehr Intimität wäre ihm wie Leichenschändung erschienen.

Er verzog sich in eine Kneipe, bestellte ein Bier und blätterte weiter in der Tagebuchkopie von Fresco Cortés, ohne viel neue Erkenntnis zu gewinnen. Cortés alias Titus hatte sich, räumlich beschränkt wie Noa in ihrem Archiv, in der B1 eingerichtet. Eingeklemmt zwischen Torpedomaat und Funker. Zwischen Petrischalen, Reagenzgläsern, seinem Mikroskop und einem Bunsenbrenner widmete er sein Leben den Viren.

Titus hatte ein paar Publikationen seines Idols d'Hérelle ergattert. Der Postverkehr zwischen dem Kriegshafen Mahon und Volksfrontfrankreich klappte. Er war über das Institut Pasteur in Paris in einen Briefaustausch mit seinem Vorbild getreten. Er erfuhr, dass d'Hérelle im Gegensatz zu dessen georgischen Freund den blutigen stalinschen Säuberungen entgangen war und das gemeinsam mit seinem Mitstreiter betriebene Institut in Tiflis nie wieder betreten hatte. Stalin konnte dagegen aus dem von den Bakteriophagen gewonnenen Stoff des Instituts ein wertvolles Mittel für die Rote Armee gegen Durchfall und Ruhr beziehen.

Das Tagebuch endete abrupt, wo es hätte spannend werden können. Wohin hatte seine U-Boot-Forschung Titus geführt? Warum war das Boot zehn Jahre später von der Marine versenkt worden? Warum erlitten Jahrzehnte danach zwei Taucher nach flüchtiger Inspektion der Forschungsstätte einen mysteriösen Tod beziehungsweise fielen ins Koma?

Katzer schaute gedankenverloren auf den Boden seines ausgetrunkenen Bierglases, wo eine Biene sich mühte, etwas vom stärkehaltigen Stoff abzubekommen. Die vielleicht spannendste Frage war doch, warum der bisher so redselige Forscher plötzlich verstummt war.

Vielleicht hatte ja Noa eine Idee. Leider war unklar, wann sie aus ihrem komatösen Zustand erwachen würde. Da ihm nichts

Besseres einfiel, sendete er das El-Santo-Foto an seinen Freund Friedmann von Interpol und eine begleitende SMS mit der Frage nach Namen und Adresse dieses Typen. Er selbst befinde sich gerade in Galicien am Ende des Pilgerweges. Sein Kumpel meldete sich so überraschend schnell zurück, dass Katzer vor Schreck fast das Handy aus der Hand gefallen wäre.

„Treffer im System. Du hast ein Jugendfoto des Obergangsters von Galicien geschickt, mein Lieber, er heißt Florindo del Maron Mendoza und wohnt in der Avenida do Parque von O Carballiño. Jeder der 14.000 Ortseinwohner kennt ihn. Eine Respektsperson, keine Vorstrafen, unantastbar."

„Wenn er stirbt, wird sicher eine Straße nach ihm benannt."

„Nicht mehr nötig. Der ganze Ort heißt nach ihm – die Krakenstadt. Die harmlose Erklärung der Namensherkunft ist die landesweit bekannte „Fiesta de Pulpos" in O Carballiño, eine Spezialität für Feinschmecker."

„Da ich schon mal hier bin, geh ich jetzt mal an seinen Gartenzaun pissen."

Katzer schob sich durch die übervölkerte Fußgängerzone Santiagos zum Hotel und ging leise in Noas Zimmer. Sie hatte jetzt die Knie angezogen und die Fäuste geballt. Der Mund war verzerrt. Sie sah aus wie ein überfahrenes Tier. Wen immer er für ihr Leiden verantwortlich machen konnte, er würde es leider nicht aus der Welt schaffen.

Er schrieb ihr einen Brief und sagte, dass sie im Leiden vereint seien. Er werde jetzt El Santo in seinem Dorf besuchen, aber ihm nichts tun. Seine einzige Waffe sei eine Kamera. Sollte die Polizei ihn, Katzer, dennoch als Selbstmörder vorfinden, sei das von Gangsterhand fingiert. Er wolle spätestens nachts wieder zurück sein.

Beim Empfang des Hotels ließ er sich den Fahrplan der Regionalbahn geben und erfuhr, dass der Zug nach O Carballiño 75 Minuten braucht. Der neoklassizistische Protzbau des nahen

Bahnhofs von Santiago mit wuchtigen Eingangsbögen täuscht eine Bedeutung vor, die längst verlorengegangen war. Als der Zug einfährt, sind nur wenige Menschen auf dem Bahnsteig. Er hat das Abteil für sich allein und gönnt sich einen Siestaschlaf von 20 Minuten. Selbst Soldaten im Schützengraben verfallen häufig kurz vor der Schlacht in einen Erschöpfungsschlaf.

Rechtzeitig vor dem Ziel ist er wach. Weinberge huschen vorbei. Der Zug hält kreischend.

Der Bahnhof von O Carballiño übertrifft die erwartete Trostlosigkeit. Sergio Leone hätte ihn nicht besser in seinem „Spiel mir das Lied vom Tod" inszenieren können. Zu seiner Enttäuschung begrüßen ihn weder das Klagen der Mundharmonika noch Revolverschüsse. Der Bahnsteig ist leer wie der Napf seiner Hündin drei Sekunden nach Fütterung. Nur der Wind bewegt einen quietschenden Fensterladen der verlassenen Bahnarbeitersiedlung.

Katzer fragt sich, was er hier verloren hat. Einen uralten bösen Mann besuchen erscheint ihm auf einmal vollkommen sinnlos. Vermutlich ist der Bahnhof, den er soeben verlassen hat, nur deshalb noch in Betrieb, weil der böse Alte die Macht und den Einfluss hat, ihn vor der Schließung zu bewahren. Das Thermalbad der Römer ist auch noch offen. Wenn er, Katzer der Rächer, den Bösen jetzt auslöschen oder ihm die Nase zertrümmern würde, würde sein Sohn oder ein anderer des Clans die Geschäfte übernehmen und das Böse würde ungerührt seinen Lauf nehmen. Selbst der Bahnhof wäre immer noch in Betrieb.

Frustriert greift Katzer zum Handy, um die Avenida do Parque zu suchen. Sie ist lang und wird vom Stadtpark gesäumt, der dem Arenteiro-Fluß folgt. Katzer folgt dagegen seiner schlechten Laune und stakst erst Mal breitbeinig direkt ins Städtchen, einem himmelwärts ragenden Kirchturm entgegen, der ihn zum Templo Vera Cruz führt. Das protzige Granitgebäude ist ein

Mischmasch aller Geld-spielt-keine Rolle-Stile seit Erfindung des Christentums und von einem Architekten mehrerer Madrider Prunkbanken und U-Bahnstationen geplant. Errichtet nach dem Bürgerkrieg. Die Leute nennen es „die neue Kirche". Der Protzbau sieht eher wie eine mittelalterliche Trutzburg oder ein klotziges Wehrschloss aus. Uneinnehmbar, abweisend, beim Eintreten jedoch mit unerwarteten Lichteffekten und überraschender Transparenz eines genialen Gaudi kokettierend.

Die Gedenktafel am Eingang verrät Katzer, dass der düstere Koloss aus Spenden der Bürger finanziert wurde. Donnerschlag! Die Welt aus den Fugen, Spanien aus tausend Wunden blutend, und 1942 der Grundstein für dieses gigantische Mittelaltermonstrum.

Die Bürger dieser Gemeinde müssen leben wie die Maden im Speck, durchfährt es Katzer. Im Land frohnten hunderttausende von Zwangsarbeitern, aber die Sieger lebten in Saus und Braus. Die guten Bürger und ihre Kirche, sie haben den Krieg nicht nur überlebt, sie haben ihn gewollt und fett profitiert davon. El Santo ist einer von ihnen, reich und unerreichbar fern in seinem Firmament von Allmacht, Rechtschaffenheit und Selbstzufriedenheit. Irgendwo in dieser Park-Avenida muss er nisten. Katzer fragt sich zum vornehmsten Ende der Straße durch, wo sich Villen aus hellem Sandstein aneinander reihen mit rotem Ziegeldach und schmiedeeisernen Zäunen, die mit spitzen Pfählen Eindringlinge abwehren. Swimmingpools und Doppelgaragen sind Pflicht, das Straßenende verliert sich im Park. Natürlich gibt es keine Namensschilder, man ist unter sich.

Er fragt nach dem Haus von Florindo del Maron. Zweimal erhält er keine Antwort, beim dritten Mal weist einer mürrisch zwei Häuser weiter. Hier verschwindet die Garage unter der Erde, vielleicht, um in einen Bunker zu münden

Er klingelt erfolglos. Er klingelt erneut, mit dem gleichen Ergebnis. Er bricht einen Zweig von einem Baum und bindet ein weißes Taschentuch daran, mit dem er winkt. Wenn jemand vor seinem eigenen Haus so einen Blödsinn machen würde, würde er nachsehen. Tatsächlich öffnet sich die Haustür und ein alter Mann tritt ins Freie. Katzer lässt den Stock fallen und betätigt die Kamera mit dem Teleobjektiv. Der alte Mann schlägt die Haustür wieder zu.

Katzers Handy klingelt. Er fühlt sich ertappt. Es ist Noa. Ihre Stimme klingt schrill.

„Rufus, um Himmelswillen, wo bist Du?"

„In O Carballiño, schau auf den Brief, den ich auf Deinem Tisch hinterlassen habe."

„Da ist kein Brief. Eben war einer in meinem Zimmer und hat mich bedroht. Ich soll aus Santiago verschwinden und aufhören, herumzuschnüffeln. Wenn ich nicht schnell abhaue, geht es mir wie Paco, hat er gesagt."

„Unfassbar. Ich komme so schnell es geht zurück. Verlasse sofort das Zimmer und suche Gesellschaft. Sprich mit Deinem Assi von der Universität und sag ihm, Du kannst nicht bleiben."

„Ich werde gleich verrückt. Der Typ auf meinem Zimmer hat gesagt, er wäre Polizist. Er hat einen Ausweis gezeigt, ich habe aber nichts erkannt. . . Ich soll mich bei der Polizei melden . . ."

„Tue nichts, bis ich da bin. Du bist in einer Heiligen Stadt, aber Gott steht auf der falschen Seite in Galicien. Vielleicht ist der Beamte korrupt, wenn es überhaupt einer war. Ich melde mich, sobald ich mehr weiß."

Katzer begriff, dass er Florindo del Maron am falschen Ende suchte. In diesem Moment war das Monster nicht in der südwestlichen Ecke Galiciens aktiv, sondern im Keller der Erinnerungen, dem Archiv von Santiago. Er telefonierte, bis er endlich die Policia Nacional in Santiago hatte und gab wütend den Angriff auf eine Ausländerin im Hotel Parador durch. Die Reaktion war verblüffend.

„Wir haben schon einen Beamten geschickt. Hinterlassen Sie bitte Ihre Personalien.“

Katzer gab seine Daten durch. Er beherrschte sich nur mit Mühe.

„Und wen haben Sie geschickt? Ich erbitte den Namen und Dienstgrad des Beamten.“

„Polizeikommissar Benjamin Valldesenio war vor einer halben Stunde im Hotel.“

„Gab es einen Notruf von Señora Dr. Nonnotschka Matjoschenka?“

„Dazu können wir nichts sagen.“

Katzer hatte genug gehört und suchte nach einem Taxi, das ihn zur Bahnstation brachte. Der Zug nach Santiago war vor wenigen Minuten abgefahren. Er bat den Fahrer, den Zug einzuholen und ihn abzusetzen, wenn sie ihn überholt hatten. Das Manöver gelang vor der nächsten Bahnstation. Er rannte durch den Eingang, gerade als der Zug kurz hielt und ließ sich atemlos auf eine leere Sitzbank fallen. Geschafft!

Um etwas zu tun, sah er sich die Fotos an, die er in der Gartenstraße von O Carballiño geschossen hatte. Der Alte war gut getroffen. Er suchte das Bild von Paco und dem Mann mit dem weißen Hut auf seinem Handy. Das Bild war alt, aber die Ähnlichkeit mit dem soeben fotografierten Zeitgenossen war unverkennbar.

Paco hatte also Florindo del Maron seit seiner Jugend gekannt. Was wusste Noa davon? Hing sie sogar selber in seiner Bekanntschaft mit El Santo drin?

Er griff zum Handy, um Noa seine Ankunft in einer Dreiviertelstunde mitzuteilen.

„Bist Du ok?“

„Im Moment ja. Ich habe mit meinem Bekannten von der Uni gesprochen und gefragt, wie viele Mitarbeiter von meiner Anwesenheit wissen. Der Kreis ist klein und sehr überschaubar.

Aber die Uni hat ein zentrales Datensystem, über das alle Nutzer des Archivs registriert werden.“

„Das kann jeder checken. Es war tatsächlich ein Polizeikommissar bei Dir im Hotel. Ich habe seinen Namen und kriege raus, ob er Verbindung mit unseren Leuten in Mallorca hatte. Was immer der Fall ist, wir können ihm nicht trauen. Wo bist Du jetzt?“

„Im ‚Serendipia‘, wo ich neulich den Assistenten von der Uni kennengelernt habe. Ich erwarte ihn jeden Moment und berate unser weiteres Vorgehen.“

„Da gibt’s nichts zu beraten. Ich hole Dich ab und wir fliegen zurück nach Mallorca.“

„Geht nicht. Ich bin noch nicht fertig hier.“

Katzer war einen Moment sprachlos.

„Willst Du auf Deinen Mörder warten?“

„Ich hatte noch keine Zeit, darüber nachzudenken, ob ich Leben oder sterben will. Erst muss ich wissen, warum Paco umgebracht wurde. Mein Platz ist im Archiv.“

Katzer wusste nicht, ob er sie bewundern oder verfluchen sollte.

„Bleibe im ‚Serendipia‘, bis ich Dich hole. Dein Bekannter kommt sicher auch gleich. Ich rufe die Polizei an und lasse einen Beamten zu Deiner Bewachung schicken. Selbst wenn der gleiche Typ kommt, der Dich im Hotel bedroht hat, kann er Dir unter Zeugen nichts tun. Er muss Dich schützen, ob er will oder nicht.“

„Guter Plan. Ich will den Namen des Arschlochs.“

„Kommissar Benjamin Valldesenio.“

„Der kann sich auf was gefasst machen.“

„Er tut mit jetzt schon leid. Bis gleich.“

Katzer unterbrach das Gespräch und rief Isabel bei der Polizei in Palma an. Die Leitung war besetzt. Er ließ sich mit dem

Sekretariat des Chefs der Mordkommission Caplonch verbinden und wusste sich bei der guten Seele im Vorzimmer in besten Händen.

„Ich muss jetzt sofort und auf der Stelle wissen, ob in den letzten Stunden bei Euch ein gewisser Polizeikommissar Valldesenio aus Santiago de Compostela angerufen hat und Informationen über den Mordfall Paco erfragt hat. Es ist extrem wichtig und ich brauche die Antwort sofort. Es reicht mir, wenn Du mir die Auskunft gibst, meine Gute. Ich warte."

Katzers Ungeduld wurde auf keine lange Probe gestellt. Caplonchs Sekretärin meldete sich nach einer Minute zurück.

„Valldesenio hat mit uns über den Mordfall gesprochen. Pacos Lebensgefährtin wird anscheinend bedroht."

„Ich danke Dir und nehme Dich hier in der Heiligen Stadt in mein Abendgebet auf."

Der Cop in Santiago war offenbar gut informiert und gefährlich. Niemand würde ihm beweisen können, dass er für die galicische Mafia arbeitete. Katzer beschloss, zu tricksen und rief die Iberia an, um für sich und Noa Tickets nach Palma für den kommenden Morgen zu bestellen. Ein bisschen Sand im Getriebe konnte nicht schaden. Außerdem rief er Lupo vom Rudel an, erklärte ihm die Lage und bat darum, die Vier sollten beraten und wenn irgend möglich ein oder zwei von ihnen als Bodyguards schicken, um Noa bei ihrer gefährlichen Arbeit zu schützen.

„Ich kann das nicht allein. Wenigstens einer im Team muss ständig wach und bei ihr sein. Ihr seht stark und gefährlich aus. Muss ja niemand wissen, dass wir unbewaffnet sind."

Lupo lachte. „Ich bin dabei. Mal sehen, ob ich noch wen von den Jungs mitbringen kann. Kriegt man bei Euch vielleicht irgendwo eine Harpune?"

Zum Schluss meldete er sich wieder bei der Policia Nacional in Santiago um mitzuteilen, dass er Flugtickets gebucht habe und morgen die Stadt mit der Señora Matjoschenka verlassen werde. Sie sollten jetzt schleunigst den Kommissar Valldesenio schicken, um die bedrohte Lady während ihrer letzten Stunden in der Stadt zu beschützen.

„Wie können doch nicht jede Ausländerin schützen, die sich unter unseren Gästen bedroht fühlt."

„Ihr Kommissar hat die Lage offenbar als sehr ernst eingeschätzt. Tun Sie also das Notwendige, bis wir morgen früh die Stadt verlassen haben."

Katzer fühlte sich gerüstet, das Abenteuer der nächsten Tage zu bestehen. Die Galicier hatten eine Frau im Visier. Mit ein paar topfitten Kerlen würden sie nicht rechnen.

Womit er selbst nicht gerechnet hatte, war die Situation, die er im ‚Serendipia' antraf. Der Universitäts-Assistent Thomeu Golom und der Cop Valldesenio saßen schon am Tisch mit Noa zusammen. Als sie Katzer kommen sah, sprang sie auf den Stuhl und riss sich die Kleider vom Leib. Sie brüllte den verdutzten Polizeikommissar an.

„Glauben Sie jetzt, dass ich keine Waffen bei mir habe? Ich ziehe auch gern noch den BH und meinen Slip aus, wenn Sie mich begrabschen wollen. Meine Begleiter am Tisch werden bezeugen, dass Sie handgreiflich gegen mich geworden sind, Sie Flegel."

Der Staatsdiener geriet angesichts der rothaarigen Furie ins Stottern. „Nein, nein, was soll das. Niemand beschuldigt Sie."

„Dann geben Sie mir jetzt sofort den Brief zurück, den Sie in meinem Hotelzimmer beschlagnahmt haben. Er gehört mir. Oder ich will eine Quittung für mein konfisziertes Eigentum."

„Der Brief ist bei den Akten im Büro." Der Kommissar schenkte ihren nackten Schenkeln eine der Situation nicht angemessene Beachtung. Was für Beine!

„Quittung!"

Während sich Noa selbstsicher wieder anzog und es den Ringrichtern überließ, wer diese Schlacht nach Punkten gewonnen hatte, registrierte Katzer zufrieden, dass der Polizist vor Zeugen soeben bestätigt hatte, Noas Hotelzimmer betreten und einen Brief mitgenommen zu haben. Dem Brief konnte er Katzers Absicht entnehmen, mit Florindo del Maron abzurechnen.

„Was hat Sie veranlasst, heute Mittag ungefragt in das Zimmer von Señora Matjoschenka einzudringen?"

„Das ist Gegenstand einer polizeilichen Ermittlung, über die ich keine Auskunft gebe."

„Die polizeiliche Ermittlungen werden bisher ausschließlich in Palma de Mallorca geführt und sind nur den dortigen Kollegen bekannt, wie mir amtlich bestätigt wurde. Sie agieren hier mit Täterwissen und im Auftrag des organisierten Verbrechens. Das werden Sie den Kollegen der internen Ermittlung erklären müssen, wenn ich Sie anzeige."

Katzer hatte laut gesprochen, aber die übrigen Gäste des Cafés hatten sich nach dem Striptease der Rothaarigen wieder über ihre Kuchenteller und Kaffeetassen gebeugt und taten so, als ginge sie alles nichts an. Katzer hatte sich dicht zum Polizisten gebeugt und sprach leise.

„Komm mit, wir reden draußen vor dem Lokal weiter."

Er öffnete die Tür und legte dem stämmigen Kerl seinen Arm um die Schulter. Das angeekelte Gesicht des Beamten ignorierte er.

„Sie und Ihre Rolle in diesem Scheißspiel sind mir völlig gleichgültig. Wir haben hier noch was zu tun. Ich habe ein paar Bodyguards zur Verstärkung angefordert. Wenn Sie uns in Ruhe lassen, werde ich auf eine Anzeige verzichten. Wenn nicht, ist Krieg."

Der Mann befreite sich mit einem wütenden Schnaufer von Katzers Arm, wischte mit der Hand über seine Schulter und ging wortlos davon. Katzer eilte ins Lokal zurück und ging an den Tisch zu Noa und dem Assistenten. Er trat zu Thomeu Golom, um sich vorzustellen. Golom schien über das abgelaufene Schauspiel erheitert und streckte Katzer seine Hand entgegen.

„Sehr angenehm, ich bin Thomeu!"

„Nenn mich Rufus. Wenn ich das richtig einschätze, haben wir in der nächsten Zeit keine Probleme mehr zu erwarten. Sicherheitshalber habe ich ein paar bissige Leitwölfe von Noas künftigem Tauchclub zu unserer Unterstützung hergebeten. Könntest Du uns vielleicht ein billiges Quartier für ein paar Nächte besorgen, vier Notbetten würden reichen, zwei von uns sind Tag und Nacht in Bereitschaft und keiner wird jemals allein unterwegs sein."

Thomeu lachte.

„Und was ist Noas Rolle? Mit ihren akademischen Aufgaben scheint sie nicht ausgelastet zu sein."

„Wir können sie nicht allein im Archiv lassen. Einer muss immer bei ihr sein."

„Das kriege ich geregelt. So lange ich ihn nicht um Gehaltserhöhung bitte, lässt mein Professor mich nicht im Stich."

Noa schien nicht ganz bei der Sache. Ihre Gedanken kreisten immer noch um Katzers Andeutungen über ihren künftigen Tauchclub. Das erschien fast zu schön, um wahr zu sein. Sie suchte nach einer unverfänglichen Antwort.

„Ich kann beim besten Willen nicht sagen, wie lange ich noch im Archiv brauche. Titus hat Aufzeichnungen hinterlassen, so viel ist klar. Leider sind sie genial verschlüsselt. Richtig spannend wird es erst da, wo sein Tagebuch aufhört. Ich brauche Zeit, um den Code zu knacken."

Katzer hatte eine Idee.

„Thomeu, das ist Deine Chance, berühmt zu werden. Du wirst helfen, den Maya-Code der Neuzeit zu entschlüsseln und Deinen Namen in den Geschichtsbüchern zu verewigen.“

„Wir haben hier eine Jugendherberge direkt im Zentrum, pro Zimmer je zwei Doppelstockbetten. Außerdem Riesengarten, Gemeinschaftsküche und Gemeinschaftsbad. Noa hat ja eben bewiesen, dass sie nicht so pingelig ist. ,Boots & Roots‘ heißt das Räubernest, Bettwäsche wird nach jedem Benutzer gewechselt.“

„Darauf stoßen wir an. Lasst den besten Stoff kommen, den die Kneipe zu bieten hat.“

10. Kapitel

Das komplette Rudel der Tauchtruppe flog noch in der gleichen Nacht ein. Keiner wollte es sich nehmen lassen, das Finale ihres U-Boot-Abenteuers mitzuerleben. Sie hatten alle ihre Bärte auf gleiche Länge und Form gestutzt, um möglichst uniform zu wirken. Außerdem trugen sie das gleiche schwarze T-Shirt mit der blutroten Aufschrift „Raising Hell". Sie blickten böse und megacool.

Katzer konnte sich das Lachen nicht verkneifen. Er hatte die Devise ausgegeben, Pacos Gefährtin habe sie zum Wrack der B1 zwischen Alcudia und Menorca geführt, aber die Lösung des Geheimnisses liege hier in den Tiefen von Santiago.

„Die Tiefen dieses Archivs sind noch gefährlicher als die vor Alcudia. Wir können Noa da nicht allein lassen."

Ihre Heldin war nicht zum Empfang am Flughafen erschienen. Noa hatte ihren zwangsweise unterbrochenen Mittagsschlaf in der oberen Etage eines Hochbettes im ‚Roots&Boots' fortgesetzt. Weitere Interessenten des Zimmers hatte sie mit dem Hinweis verscheucht, sie werde unabhängig von der Belegung des Zimmers die ganze Zeit ihrer Anwesenheit von vier starken Männern bewacht, die ihre Jungfräulichkeit als Braut eines islamischen Fürsten mit ihrem Leben garantieren müssten.

Thomeu Golom hatte seine Beschäftigung an der Uni mit den ersten Stunden der Wach-Schicht in der Herberge getauscht und ein Buch gelesen, bis Katzer mit den Männern vom Flughafen zurück war. Sie schickten den Assistenten heim, nachdem geklärt war, dass jeweils einer von ihnen zusammen mit Noa in den kommenden Tagen das Archiv der Universität betreten konnte.

„Wir verpassen euch einen Dienstausweis mit einem Foto. Ein Bild reicht, ihr seht euch ja ziemlich ähnlich."

Der Rest war schnell besprochen. Katzer und Lupo würden die ersten vier Stunden im unteren Bett schlafen, während sich Nacho, Pepe und Rafa im Garten die Zeit vertrieben, wobei mindestens einer immer den Eingang im Auge behielt.

Das Hochbett der Herberge war viel zu schmal für die zwei Männer, die unterhalb von Noa lagen, aber das gegenüberliegende Bett war oben wie unten belegt. Mehrere Schnarcher, Schlafredner und Nachtpinkler störten die Ruhe zusätzlich, so dass nicht wirklich an Schlaf zu denken war. Aber wer denkt an Erholung, wenn er die Welt retten will.

Die Geschichte vom Keuschheitsgelübde der islamischen Fürstenbraut und ihrer Bodyguards in der Heiligen Stadt hatte schnell die Runde gemacht. Noa wurde dauernd fotografiert und landete prompt mit ihrem Konterfei im Internet. Damit war ihr auf Schritt und Tritt der VIP-Status garantiert. Alle Restaurants rollten ihr symbolisch den Roten Teppich aus und die Bediensteten rissen sich darum, sie als Ehrengast begrüßen zu dürfen. Katzer konnte als gelernter PR-Fuzzi der Gelegenheit nicht widerstehen, El Santo mit einer eigenen Heiligen Paroli zu bieten und gab dem Affen Zucker. Er rief den Correo Gallega und die Voz de Galicia an, um ein paar Histörchen über die rothaarige Pilgerin des Islam und ihren Harem von Kampfsportlern zu verkaufen.

Die Antwort aus O Carballiño kam teuflisch schnell. Noa hatte sich gerade nach einem 24-Stunden-Einsatz im Archiv, nach unzähligen Tassen Kaffee und zwei Leibwächter-Wechseln in der Jugendherberge hingelegt, als zwei Maskierte mit halbautomatischen Waffen das Boots&Roots stürmten. Nacho, Rafa und Pepe, mit Luftmatratzen in den umliegenden Vorgärten verteilt, alarmierten blitzschnell die Polizei und zündeten ein Feuerwerk von Leuchtspurmunition. Lupo, aufgeschreckt vom Alarm der Freunde, brüllte laut „Überfall, Feueralarm, alles raus" und rannte mit einem Feuerlöscher durch die Zimmer, während sich Katzer auf Noa warf und sie unter der Decke versteckte. Er drückte sie einen wunderbaren Moment lang an sich, sog ihren Geruch ein und sprang vom Bett.

„Rühr Dich nicht von der Stelle, beweg Dich nicht und spiel toter Käfer."

Er griff sich den zweiten Feuerlöscher vom Gang, schrie ebenfalls „Feuer" und rannte Lupo hinterher. Von allen Seiten hasteten hysterisch schreiende Menschen, stießen und verknäulten sich, kreischten schockiert, als sie mit einem hereinstürmenden Typen samt Maschinenpistole zusammenstießen. Katzers Schaumstrahl traf ihn ins Gesicht. Blind feuerte der Maskierte eine Garbe in die Decke, während er mit der freien Hand versuchte, die Augen zu wischen. Katzer drückte erneut den Auslöser des Feuerlöschers und hörte die Sirenen der Einsatzwagen heulen.

Einen Moment herrschte totale Stille. Die Freunde im Garten hatten offenbar alle Raketen verschossen. Die Gäste stürmten ins Freie und wurden vom zweiten Angreifer angeschrien.

„Alles auf den Boden. Wer sich rührt, wird erschossen!"

Das heranstürmende Einsatzkommando der Guardia Civil schmiss eine Blendgranate und schoss dem Maskierten in die Schulter. Er bot sich als Zielscheibe an, weil er als einziger stehen geblieben war. Niemand sah etwas wegen der Blendgranate, nur das Polizeikommando war unüberhörbar:

„Alle liegenbleiben. Verletzte melden sich bitte. Wir kümmern uns um jeden einzelnen."

Nacho, Pepe und Rafa kamen mit erhobenen Händen aus dem hinteren Teil des Gartens und sagten der Polizei, der zweite Angreifer sei hinten aus dem Fenster gesprungen und geflüchtet. Die Polizei stellte einen Scheinwerfer im Garten auf, Tische und Stühle wurden zusammengerückt und das Herbergspersonal machte Kaffee für alle, während die Beamten die Personalien von jedem einzelnen aufnahmen. Der stille Anblick der nahen Kathedrale wirkte versöhnlich. Fast wäre es eine gemütliche Nacht geworden, wenn die Polizisten nicht die von ihren Freunden umringte Noa wie eine Hauptverdächtige in die Mangel genommen hätten, um nach dem Zweck ihres Hierseins zu forschen.

Noa beteuerte, keine Muslima, sondern gläubige Christin zu sein, die zum Zwecke historischer Forschung an der Universität weile.

„Aber Sie sind Russin."

„Ja, und Mitglied der russisch-orthodoxen Kirche."

„Welche Verbindung haben Sie zu den Angreifern auf die Herberge? Sind das auch Russen und Glaubensbrüder von Ihnen?"

„Ich habe keine Ahnung, von was Sie reden."

„In welchem Verhältnis steht Ihre Kirche zur Heiligen Stadt Santander und was ist der Inhalt Ihrer Forschung?"

„Ich beschäftige mich nicht mit Kirchenpolitik. Und was meine Forschung betrifft, fragen sie den historischen Dekan an der Universität. Ich bin Gast des Professors."

Noa war während des Verhörs von Kopf bis Fuß in ihre Schlafdecke gehüllt und saß nach vorn gebeugt am Tisch. Jetzt warf sie die Decke von den Schultern und schüttelte ihre offene Mähne.

„Noch Fragen?"

Katzer und das Rudel der Freunde klatschten. Nacho schrie bravo und alle lachten. Die Polizisten packten ihren Kram zusammen und zogen sich in die Einsatzwagen zurück, wo weitere Beamte mit dem Festgenommenen warteten. Auf einer Bahre wurde er in die Klinik abtransportiert. Er trug inzwischen keine Maske mehr. Katzer verglich sein Bild mit dem von Pacos vermutlichen Mörder auf der Finca von Fartaritx, das auf seinem Handy gespeichert war. Er fand keine Ähnlichkeit.

Da er das Handy schon in der Hand hatte, rief er die Redaktionen der Correo Gallega und Voz de Galicia an, um ihnen einen Augenzeugenbericht des Terrorüberfalls auf die Pilger in der Jugendherberge durchzugeben. Der Überfall habe sich offenbar gezielt gegen die Pilgerin russischer Abstammung gerichtet. Grotesker Weise sei sie anschließend von der Polizei der Zusammenarbeit mit den Angreifern verdächtigt worden.

„Ein Täter ist flüchtig.“

Er machte eine Verschnaufpause und zündete sich eine Selbstgedrehte an.

Dann riss er Isabel von der Policia Nacional in Palma aus dem Schlaf, die ihm schon vor Jahren den Status der Unzurechnungsfähigkeit attestiert, das aber nie verübelt hatte.

„Isabel, entschuldige, meine Freunde und ich sind eben in Santiago einem Feuerüberfall entkommen . . .“

„Du bist in Santiago? Wieso bist Du nicht auf Mallorca, wo Du Dich zur Verfügung der Polizei zu halten hast? Ich werde sofort ein Fahndungsersuchen rausgeben.“

„Isabel, mir ist nicht nach Scherzen. Ich folge einer heißen Spur wegen der U-Boot-Geschichte und bin Zielscheibe der galicischen Mafia. Die Mordkommission in Palma muss sich jetzt mal wegen der Ermittlungen in Sachen Paco in historische Akten stürzen und klären, wie weit dieser Florindo del Maron aus O Carballiño in die Beschäftigung von Zwangsarbeitern aus der Bürgerkriegszeit verwickelt war. . .“

„Soll das ein Witz sein? Von was für Akten redest Du?“

“Was weiß ich. Innenministerium, Außenministerium, Justiz – Millionen Zwangsarbeiter für einen Milliardendeal unter Franco. Irgendwo muss El Santos Name auftauchen. Aber Ihr müsst Euch beeilen, der Herr ist 86 Jahre alt.“

„Scheißkerl."

„Meinst Du mich oder Florindo del Maron?"

„Jeden, der mich beim Schlafen stört wegen uralter Geschichten. Dein Anliegen wäre Sache eines Historischen Archivs in Salamanca, das meines Wissens immer noch nicht funktioniert. Das könnte die Namen von einer halben Million Zwangsarbeiter horten, tut es aber nicht, Du Spinner."

„Schlaf gut, Liebste."

Isabel hatte Recht. Katzer begrub seine Idee, den Templo de la Cruz in O Carballiño mit einer neuen Gedenktafel zu schmücken. War ja nur so eine Idee.

„Den Opfern der Zwangsarbeit, die zum Ruhm eines Götzen hungern und schuften mussten."

Soll Florindo del Maron seinen Freund Franco doch aus dem Valle de los Caidos in seinen Templo de la Cruz umbetten lassen. Das Thermalbad aus Römerzeiten täte seinen alten Knochen sicher besser als die zugige Heldengedenkstätte mit ihrem 150 Meter hohen Betonkreuz vor Madrid.

Katzer rechnete nicht mit weiteren Überraschungen für den Rest der Nacht und als unverbesserlicher Optimist auch nicht für die kommenden Tage. Dennoch bat er Nacho, Rafa, Pepe und Lupo, nicht in ihrer Wachsamkeit nachzulassen.

„Ihr wart alle Spitze heute Nacht. Ruht euch aus, aber haltet die Augen in den nächsten Tagen offen, damit Noa ungestört weiterarbeiten kann. Wenn möglich, besorgt einen neuen Vorrat an Leuchtraketen. Wir wollen nicht kampflos untergehen."

Katzer hatte eine weitere Idee, die er sofort wieder verwarf. Zu kompliziert, zu aufwendig, völlig absurd. Die Idee blieb hartnäckig. Er erwog sie beim Einschlafen nach allen Seiten, erwog das Für und Wider und blieb unschlüssig, bis er in einen quälenden Halbschlaf verfiel. Morgen wollte er mit allen Beteiligten darüber reden.

Nach Sonnenaufgang sprach er zunächst die Herbergseltern an. Die hatten für alle Gäste, die den Schrecken der Nacht mehr oder weniger gut überstanden hatten, ein großes Frühstück vorbereitet, das die gedrückte Stimmung aufheitern sollte. Es gab frische Croissants, Mehlspeisen, Frühstückseier und Säfte sowie Obst im Überfluss. Einige konnten es dennoch kaum erwarten, die Herberge zu verlassen.

Katzer nutzte die Gelegenheit, einen ganzen Raum für vier Personen bis auf weiteres für sich und seine Gruppe zu reservieren. Alle sagten sofort zu. Das war für ihn der Moment, die Stimmung für weitere Zugeständnisse zu testen. Die Herbergsleute waren nicht sofort dagegen, wollten aber Bedenkzeit. Katzer verbuchte es als Erfolg, darüber gesprochen und nicht gleich für verrückt erklärt worden zu sein.

In seinem Selbstgefühl bestärkt, behielt er die Eingebung für sich und rief Kommissar Benjamin Valldesenio von der Policia Nacional an. Er hatte beim Frühstück die Freunde vom Rudel über die Absicht informiert.

„Soll einer Dich begleiten?"

„Besser nicht. Ich besuche ihn in seinem Büro. Er soll das Gefühl von Sicherheit und Vertrautheit haben. Für ihn ist die Situation heikler als für mich. Er steht jetzt zwischen dem Gesetzgeber und den Gangstern. Ich bin fein raus, ich weiß, wer von uns der Schurke ist."

Valldesenio reagierte betont kühl auf seinen telefonischen Vorschlag, sich im Polizeirevier bei ihm zu treffen. Katzer blieb hartnäckig.

„Ich wüsste nicht, was es zwischen uns zu besprechen gibt. Wenn Sie darauf bestehen, kommen Sie in einer Stunde."

Katzer wusste auch nicht, was es zu besprechen gab. Vielleicht fiel ein interessanter Hinweis nach dem Überfall der letzten Nacht bei dem Treffen für ihn ab. Unangenehme Gesprächspartner waren sein täglich Brot in seinem früheren Beruf gewesen.

Er ging zur Comisaria Local in der Avenida de Rodriga del Padrón. Mehrere Polizeiwagen waren davor auf dem gelb markierten Abschnitt des Asphalts geparkt. Die riesige Glastür lud trotz ihrer Durchsichtigkeit nicht zum Betreten ein. Er war froh, gleich daneben auf der Straße Tische und Stühle eines Cafés anzutreffen, wo Müßiggänger saßen, die nichts zu tun hatten. Da es noch zu früh zum vereinbarten Termin war, setzte er sich dazu und bestellte einen Café con leche.

Er versuchte sich einzureden, gleich auf einen normalen Mitbürger zu treffen, mit dem er über das Wetter oder die gestrigen Ergebnisse des Fußballclubs Real Madrid reden würde. Der Versuch überzeugte ihn nicht. Stattdessen dachte er an den Maskierten, dem er vor wenigen Stunden in der Nacht mit dem Feuerlöscher ins Gesicht gespritzt hatte. Er hatte den Mann später ohne Maske im Polizeiwagen gesehen. Es war eindeutig nicht Benjamin Valldesenio gewesen. Aber er hätte es sein können. Der Beamte hielt für die galicische Mafia die Hand auf. Da war er sich sicher.

Katzer hatte sich gestern beim Empfang des Hotels Parador nach dem Vorfall mit Noa erkundigt. Der Polizeibeamte hatte sich unter Vorweisen der Dienstmarke Zutritt zu Noas Zimmer verschafft und darauf bestanden, allein hineinzugehen. Von wem hatte er Noas Namen und ihre Absichten erfahren, als er die Mordkommission in Palma telefonisch nach Einzelheiten über den Mord an Noas Lebensgefährten befragte?

Katzer ging durch die Glastür des Kommissariats und fragte den Beamten beim Empfang nach dem Büro von Valldesenio. Der Beamte ließ sich seinen Namen geben, griff zum Hörer und sagte dann „Zweiter Stock, Zimmer 35". Valldesenio telefonierte, blickte ihn an und wies mit der Hand auf den Stuhl vor seinem Schreibtisch. Das Telefongespräch drehte sich offenbar um die Geschehnisse der letzten Nacht. Nachdem Valldesenio den Hörer aufgelegt hatte schwieg er einen Moment.

„Was kann ich für Sie tun?"

Katzer betrachtete dieses Gesicht eines Tatmenschen mit harten Augen und tadelloser Rasur. Ein Mann, der sich nichts vormachen ließ und anderen nichts vormachte.

„Geben Sie mir bitte den Brief zurück, den Sie gestern aus dem Zimmer von Señora Matjoschenka mitgenommen haben."

Der Polizist griff einen Ordner und holte das Schriftstück mit dem Briefkopf des Hotel Parador heraus.

„Bitte sehr."

Katzer blickte auf den Brief mit seiner Bitte an Noa, niemandem zu glauben, falls er selbst erschossen mit einer Waffe in der Hand vor dem Garten Florindo del Marons liege. Er würde niemals Selbstmord begehen.

„Sie haben den Brief gelesen. Trauen Sie del Maron oder seinen Leuten eine solche Tat zu?"

„Ich kenne ihn nicht persönlich, aber ich traue ihm alles zu."

„Wer oder was hat Sie veranlasst, meiner russischen Bekannten mit dem Tod zu drohen, wenn sie nicht ihre Nachforschungen über die Familie del Maron einstellt?"

„Das war keine Drohung, sondern eine Warnung. Wie ich bereits sagte, ich traue dem Clan del Maron alles zu. Ein guter Polizist erfährt viel. Ich hielt es für meine Pflicht, die Frau zu warnen. Die Ereignisse von letzter Nacht haben gezeigt, wie berechtigt die Warnung war."

„Waren Sie am Polizeieinsatz beteiligt?"

„Selbstverständlich. Meine Dienststelle weiß meine Kenntnis und Erfahrung in organisierter Kriminalität zu schätzen. Außerdem ist mir Ihre russische Freundin sympathisch.“

„Kaum zu glauben. Ihr Zusammenprall im Serendipia-Café vor zwei Tagen verriet wenig Sympathie. “

„Sie ist ziemlich temperamentvoll. Warum haben Sie Ihre Ankündigung nicht realisiert und sind gestern abgereist?“

„Frau Doktor Matjoschenka hat ihre Arbeit im Archiv noch nicht beendet.“

„Offenbar kniffliger als gedacht. Glauben Sie mir, die Familie del Maron mag nicht, wenn man sich in ihre Angelegenheiten mischt. Das kann sehr ungemütlich werden.“

„Wie die letzte Nacht bewiesen hat. Kennen Sie den festgenommenen Attentäter?“

„Ja. Ich verhöre ihn derzeit.“

„Glauben Sie nicht, dass Sie in dem Fall befangen sind?“

„Wieso? Weil ich etwas mehr weiß als Ihre Polizeifreunde in Palma? Vergessen Sie nicht, dass ich näher an der Quelle sitze.“

„Alles hat mit einem U-Boot-Wrack bei Alcudia begonnen, also gleich bei uns um die Ecke. Keiner konnte ahnen, dass uns ein Tauchevent nach Galicien führt, wo ein Verrückter auf uns wartet.“

„Der Attentäter ist übrigens einer meiner Informanten und wird nicht aussagen, weil ihm sein Leben lieb ist. Wegen des Überfalls bekommt es höchstens zwei Jahre. Niemand wurde verletzt.“

„Vielleicht habe ich Ihnen Unrecht getan, Sie als Mitglied der galicischen Mafia zu verdächtigen. In dem Fall bitte ich Sie um Verzeihung.“

„Machen Sie einen Striptease wie Ihre Freundin und ziehen Sie das Büßergewand wieder aus. Ich schlage vor, wir arbeiten in dieser Sache zusammen. Hier meine Nummer, unter der Sie mich Tag und Nacht erreichen können.“

„Ich halte Sie auf dem Laufenden.“

„Würde mich freuen.“

Katzer verließ die Polizeistation mit gemischten Gefühlen. Er wusste nicht mehr, in welche Schublade er Valldesenio stecken sollte. Mit einem korrupten Cop wäre alles einfacher gewesen. Wenn der Mann aber auf der richtigen Seite stand, würde es unverzeihlich sein, auf seine Hilfe zu verzichten. Sie konnten jede Unterstützung brauchen.

Als er zur Herberge zurückkam, wurde er im Garten von einem bildschönen Dobermann-Rüden begrüßt. „King-Kong scheint Sie zu mögen“ lachte die Wirtin. „Er bändelt nicht mit jedem an.“

Katzer kam aus dem Staunen nicht raus.

„Wollen Sie wirklich mitmachen? Darf ich meine Rottweilerin aus Mallorca auch zur Verstärkung herholen?“

„King-Kong gehört meiner Schwester. Ein Prachtkerl. Er bewacht ihr Grundstück. Aber er entscheidet, wer ihm nahe kommen darf. Wenn wir ihn vorübergehend hierlassen, müssen wir probieren, ob er sich mit Ihrer Rottweiler-Dame verträgt.“

„Ich bin gerührt, dass Sie sich auf das Abenteuer einlassen wollen. Meine Süße wird selig sein und unsere Leibwächter können Verstärkung brauchen. Jetzt muss ich nur noch einen Freiwilligen finden, der sie im Auto herbringt. Den Flug im engen Transportkäfig mag ich ihr nicht zumuten, nachdem sie kürzlich schon zwei Tage herumgeirrt ist, um mich zu finden.“

„Geht klar. Wer von den Gästen sich nicht vom Überfall letzte Nacht hat abschrecken lassen, wird auch zwei zusätzliche Wachhunde nicht fürchten.“

Katzer erklärte dem Rudel seinen Plan und berichtete von seiner Begegnung mit Comisario Valldesenio.

„Er hat uns seine volle Unterstützung zugesagt. Ich traue jedem Menschen bis zum Beweis des Gegenteils. Ihr Leben für mich einsetzen wird aber nur meine Hündin. Ich brauche sie hier mehr denn je. Ist einer von euch bereit, nach Palma zu fliegen und Öhrchen im Auto her zu bringen?"

Das Rudel schaute sich belustigt an. Lupo kratzte sich den Bart.

„Ehe es hier langweilig wird, nehme ich das auf mich. Mit dem Auto brauche ich die Fähre und bin morgen wieder zurück. Du trägst die Kosten?"

Katzer nickte.

„Öhrchen und ein befreundeter Dobermann der Wirtin werden euch im Wachdienst unterstützen. Wir werden die bestbewachte Festung in Santiago haben. Freundet euch schon mal mit King-Kong an, damit er euch bei neuen Feindseligkeiten nicht an die Gurgel geht."

Katzer war zufrieden, das Team mit neuen Anforderungen gefüttert zu haben. Warten und Ungewissheit waren schlecht für den Einklang einer Gemeinschaft. Nicht jeder mochte wie er bedingungslos an Noas Fähigkeit glauben, das Rätsel im Archiv von Santiago zu lösen.

Noa besaß nicht nur die Intelligenz, sondern auch die weibliche Intuition, um Titus Geheimcode zu knacken. Sie hatte herausgefunden, dass neben seinem Mikroskop eine alte Reiseschreibmaschine der Marke ‚Vintage' auf seiner Arbeitsplatte gestanden hatte, die er flott bediente. Statt der 26 spanischen Tasten für die Buchstaben des Alphabets verwendete er Zahlen. Die „1" stand für „Q" in der obersten Reihe links. Buchstaben aus zusammengesetzten Zahlen wie das „A" mit der „12" wurden durch ein vorangesetztes Sternchen markiert. Diesen Tastensalat beherrschte er fast blind und Noa folgte ihm inzwischen mühelos. Sie glaubte, dass Titus seine Zahlenreihen über den Funker des U-Boots weitergegeben hatte, vermutlich für seinen Cousin Florindo in Galicien, der ein kluges Kerlchen zum Decodieren bezahlte. Sie schloss das aus den Antworten von Titus auf seinen anonymen Partner. Zusätzliche Probleme beim Dekodieren seiner Fleißaufgaben entstanden durch die teilweise Verrottung des von ihm verwendeten Schreibmaschinen-Papiers.

Nach einem Jahr unter Wasser wurde Titus noch vorsichtiger und verschlüsselte die Zahlen in zunehmend komplizierteren mathematischen Formeln. Für die Frau Doktor der Mathematik kein Hindernis, aber es gab Verständnisprobleme. Es waren ja keine Liebesbriefe, sondern medizinische Entdeckungen und brisante politische Enthüllungen zu entziffern.

Katzer schwankte zwischen Erschöpfung und Frust. Und schickte Lupo eine SMS hinterher: Bitte nicht nur Öhrchen, auch Noas Zeitschriften über Bakteriophagen und den Forscher Felix d'Hérelle mitbringen!

Es gab Momente, wo sie ihm fern und fremd vorkam. Er fragte sie, wie viel Zeit sie noch brauchen würde und fürchtete ihre Antwort. Sie sah hoch mit entzündeten Augen.

„Morgen. Vielleicht Übermorgen. Oder noch ein paar Tage. Mit etwas Glück eine Stunde.“

11. Kapitel

Am späten Abend hatte sich Katzer mit King-Kong und Nacho auf den Weg gemacht, um Noa und ihren Bewacher Pepe aus dem Archiv abzuholen. Er wollte den Dobermann schnell mit seiner Schutzbefohlenen vertraut machen. Der Hund nahm ihre Witterung auf und leckte ihr das Gesicht. Sie lachte.

„Den will ich haben. Er erinnert mich an Paco."

Die drei Männer waren abgemeldet. Sie schlenderten mit zunehmendem Abstand hinter den beiden Schönheiten her, die verbunden im gleichen Wiegeschritt das Pflaster beherrschten.

„Haltet die Augen offen, ich muss mal mit Lupo auf der Fähre sprechen."

Er erreichte den Freund kurz nach dessen Ablegen von Alcudia. „Alles klar an Bord mit euch beiden?"

„Wir sind noch an Deck und schauen zum Hafen zurück. Dein Köter lässt seine Lauscher im Wind flattern und findet alles sehr spannend."

„Sag ihr, Herrchen und ein toller Hunde-Kavalier erwarten sie. Wir sehen euch morgen Abend. Vergiss nicht, dass sie auch trinken muss und ruf mich zwischendurch an. Ich kann es kaum erwarten, euch zu begrüßen."

„Zum Glück habe ich Reiselektüre von Noas Lieblingsautor d'Hérelle dabei. Stell Dir vor, es hat diesen Entdecker der Bakteriophagen wirklich gegeben. Ein Sprachgenie, hat fremde Grammatiken als Vorspeise genascht wie wir einen Aperitif, es existiert sogar ein Text in Russisch, aber ich ziehe Englisch vor."

Katzer hatte sich inzwischen die Autobiographie von d'Hérelle aus Frankreich beschafft, die wesentlich leichter zu bekommen war als das Tagebuch von dessen Anhänger Titus. Das französische Universalgenie mit falschem Namen, falscher

Herkunft und angeklebten Professorentiteln hatte sogar Albert Einstein inspiriert.

D'Herelle hatte sich mit dem französischen Staat im ersten Weltkrieg wegen seiner Flucht aus der Armee überworfen und einfach die kanadische Staatsbürgerschaft und den Familiennahmen seines unehelichen Vaters übernommen. Das gab ihm die Freiheit, die seinem Mitstreiter Titus fehlte, der gleichfalls mit falschem Namen, falscher Herkunft und fehlendem Studium überlebte. d'Hérelle hatte gescherzt, dass eine wissenschaftliche Entdeckung immer drei Stadien durchlaufe:

Das ist nicht wahr.

Das ist nicht von ihm.

Das ist so simpel, dass jeder hätte drauf kommen können.

Katzer glaubte inzwischen fest daran, mit dem Mysterium der B1 würde es ihnen ähnlich gehen. Obwohl das Wrack bereits Tote hinterlassen hatte, würde sein Vermächtnis eines Tages die Welt retten.

„Dieser Titus del Maron hat sich wirklich für so was wie der Heiland gehalten", meinte Noa auf dem Heimweg. „Er wusste nur noch nicht, wie er sich offenbaren sollte." Katzer gab ihr Recht.

„Wie wahr. Du bist ganz dicht dran."

„Ja, am Untergang. Ich kann nicht mehr. Nach zwölf Stunden Archiv ist mein Kopf so vollgemüllt, dass ich kein Ende finde. Trinken wir irgendwo ein Glas Wein."

Sie schlenderten schweigend zur nächsten Kneipe und nahmen an einem der Lattentische im Patio Platz. King-Kong gehorchte aufs Wort, als Katzer ihm Platz befahl.

„Ein lieber Hund. Bin heilfroh, dass ich morgen Öhrchen dazubekomme. Wir bräuchten alle eine Pause. Aber mal ehrlich, wenn du auf eine Tretmine trittst, denkst du nur noch an überleben."

Nacho nickten müde. Pepe bestellte eine Flasche Albariño, den die Wirtin empfohlen hatte.

„Ein Weißwein zum Überleben. Was wir hier losgetreten haben, erlaubt keinen Aufschub. ‚Hit & run' ist die Devise. Zum Wohl."

Alle schauten besorgt auf Noa, die ihr Glas randvoll goss und ohne abzusetzen in den Hals kippte.

„Für mich einen Trester zum Nachspülen." Sie nickte, als die Wirtin einen „Orujo" brachte. „Kenn ich von früher. Das Gleiche nochmal. Ich komme mir in meinem Keller langsam vor wie eine Laborratte beim Intelligenztest."

Katzer lachte gequält.

„Wenn wir so weitermachen, brauchen wir einen Schlitten mit Husky zum Transport statt unseren Dobermann. Ist sowieso Kälte und Regen angesagt."

Er hoffte, dass Öhrchen und Lupo unterwegs das kommende Unwetter gut überstehen würden. Die Zeit lief ihnen in Santiago davon. Die Nervenkraft der Beteiligten war am Ende. Ihr unsichtbarer Gegner hatte dagegen Reserven ohne Ende. Katzer verfluchte ihn. Er verfluchte Galicien und er verfluchte den angekündigten Regen.

Noa sah ihn an wie eine, die den Todesstoß erwartet.

„Was meinst Du, warum ich aus Galicien weggegangen bin?"

Sie rotzte auf die Straße.

Katzer stimme zu. „Mallorca ist schöner."

„Wenn da nicht das beschissene Wrack wäre," nörgelte Nacho.

Pepe wollte gerade ergänzen, dass die Marons ihre Gummiente des Grauens besser in die eigene Wanne geholt hätten, statt sie im Mittelmeer versenken zu lassen, als King-Kong ein langgezogenes Heulen von sich gab. Alle blickten sofort auf den jungen Typ, der seinen Kopf in den Patio gesteckt und gleich wieder eingezogen hatte. Noa, die mit dem Rücken zur Tür saß, tätschelte den Hund.

„Machen wir, dass wir hier wegkommen. Auf nach Mallorca."

Alle schoben die Klappstühle weg und begleiteten Katzer, der am Tresen zahlte und ins Freie drängte. Der Jugendliche war weder drinnen im Restaurant noch auf der Straße zu sehen. Sie machten, dass sie ins „Boots&Roots" und in die Betten kamen.

Mitten in der Nacht klingelte Katzers Handy. Er rappelte sich hoch und flüsterte schlaftrunken „Hallo."

Lupo meldete sich fröhlich.

„Wir haben eben Barcelona erreicht und sitzen schon im Auto, um die Fähre zu verlassen. Öhrchen hat auf dem Schiff fast nur geschlafen. Sag was zu ihr, ich halte das Smartphone an ihr heiles Ohr."

Katzer musste schlucken.

„Hallo Öhrchen, meine Seelenschwester, hier ist dein Papa. Du Süße, ich freue mich, dass Du kommst. Sei lieb mit Lupo, der fährt den weiten Weg mit Öhrchen, um Dich zu Herrchen zu bringen. Du kannst fein sitzen und musst den weiten Weg nicht laufen, hörst Du, Öhrchen, bald bist Du da."

Katzer hörte ihr Schnaufen, es folgte ein mehrfaches Bellen. Ob sie die Stimme ihres Herrn erkannte? Er wischte sich über die Augen und nannte sich einen sentimentalen Trottel.

Lupos Stimme kam erneut.

„Sie hat Dich erkannt, Alter, ganz bestimmt. Sie hat sogar mit dem Schwanz gewedelt. Bald ist ihre Welt wieder in Ordnung. Deine Nachbarin sagt, sie hat nicht mal mit befreundeten Hunden gespielt. Sie hat Dich überall im Dorf gesucht. Sie wollte immer nur die Straßen gehen, die ihr zusammen geht. Wie ein störrischer Esel."

„Lupo, ihr kommt in schlechtes Wetter. Fahr vorsichtig, lieber auf Nummer sicher."

„Ich habe auf der Fähre geschlafen und Deine Hündin hat ihre Schnuffeldecke mit, wie Du gesagt hast. Ab jetzt wird durchgebrettert."

Am nächsten Morgen regnete es in Strömen, dass die Gullys das Wasser kaum fassen konnten. Rafa und Katzer begleiteten Noa ins Archiv.

„Ihr könnt froh sein, in den Keller zu kommen. Hier draußen hat keiner was verloren."

Katzer beeilte sich, mit King-Kong wieder zurück ins Trockene zu kommen. Zum Glück war der Hund nicht wasserscheu. In der Herberge rief er Max Friedmann von Interpol an.

„Max, jeden Tag, den wir versuchen, unserem Unterwasser-Jesus Titus del Maron näherzukommen, rückt er ein Stück ferner. Sein Archiv hier in Santander ist geheimnisvoller als das Orakel von Delphi. Gibt es bei euch was Neues über den Clan?"

„Nicht viel, außer dass Titus von Franco persönlich 1940 die Medailla del Alzamiento y Victoria verliehen wurde. Wir wissen aber nicht wofür."

„Trotzdem interessant. Ist vielleicht ein Anhaltspunkt. Ich sage Noa Bescheid. Die steht kurz davor, sich im Keller des Archivs ins Schwert zu stürzen."

Francos Medaille für Titus passte ins Bild der engen Bindung des Maron-Clan zum Diktator. Laut Noas historischen Funden hatte die Familie große Teile ihrer Goldreserven, die in der Vatikanbank gebunkert waren, dem Generalissimus zum Beleihen übertragen. Nach Francos Sieg hofften die galicischen Großkopfeten wahrscheinlich auf eine großzügige Rendite ihrer Kriegsanleihe.

Eine Medaille allein wäre zu mager gewesen. Katzer simste die Entdeckung von Interpol an seine Laborratte weiter. Er bekam keine Antwort und hoffte, sie wäre nicht inzwischen ertrunken.

Stunden später simste Nora: „Ich hab was. Mündlich mehr."

Katzer gab die frohe Botschaft an Nacho und Pepe weiter, die trübsinnig auf die Regentropen am Fenster des Gemeinschaftsraums starrten. Er spürte Auftrieb, was durch eine weitere SMS von Lupo über seine unmittelbar bevorstehende Ankunft mit Öhrchen verstärkt wurde.

Bald darauf ertönte ein Hupkonzert vor der Herberge, das von noch lauterem Gebell übertönt wurde. Die Hündin sprang aus dem roten Audi, Katzer rannte ihr entgegen, aber King-Kong war schneller. Entschlossen, seinen Herbergskumpel zu verteidigen, fletschte er die Zähne. Katzer warf sich dazwischen, seine Hündin sprang an ihm hoch, um sich gleich darauf vor ihm fallen zu lassen und zu weinen. King-Kong blieb einen Moment fassungslos, dann drängte er in das Knäuel von Pfoten, Armen und Beinen, das sich im Schlamm wälzte, bis es von der Herbergsmutter mit einem Wasserstrahl aus dem Gartenschlauch getrennt wurde. Einheitlich dreckig ließen sich alle abspritzen, bis sie sauber waren. Die Hunde setzten das lustige Spiel weiter fort, bis sie müde waren. Katzer rannte unter die heiße Dusche und hätte sich gern umgezogen. Leider hatte er keine trockenen Klamotten mehr. „Kann mir einer mal was Trockenes leihen?"

„Nur, wenn Du schon trocken hinter den Ohren bist."

Er konnte es kaum erwarten, Noa vom Archiv abzuholen und ließ die Hunde miteinander im Garten tollen. Rafa kam ihm am Eingang des Archivs entgegen.

„Noa kommt gleich. Sie ist . . . völlig durch den Wind."

„Was sagt sie?"

„Gar nichts. Wie kann man gleichzeitig zufrieden und angekotzt sein?“

Der Dauerregen hatte aufgehört und eine merkwürdige Lautlosigkeit hinterlassen, die von einer Polizeisirene zerrissen wurde. Katzer starrte irritiert in den bleigrauen Himmel. Der Einsatzwagen bremste scharf vor ihnen. Er war leer bis auf den Fahrer. Kommissar Benjamin Valldesenio sprang heraus und rannte wortlos an ihnen vorbei. Kurz darauf stürmte er zurück, die stolpernde Nora fest am Arm. Er stieß sie ins Auto, brüllte „sitzenbleiben“, saß schon neben ihr und brauste mit Vollgas davon. Blaulicht und Sirene waren wieder eingeschaltet.

Rafa und Katzer sahen sich entgeistert an.

„War das jetzt eine Entführung?“

„Keine Ahnung. Der Täter ist jedenfalls ein mir bekannter Comisario Valldesenio von der hiesigen Polizei. Ich werde nicht schlau aus dem Kerl. Gehen wir hin und fragen, was los ist.“

12.Kapitel

Katzer kannte den Weg zum Revier und wollte gleich am Diensthabenden hinter der großen Glastür vorbei, wurden aber durch ein kräftiges „Hola" aufgehalten.

„Wir wollen zu Comisario Valldesenio."

„Der ist nicht im Büro. Warten Sie hier, bis Sie aufgerufen werden."

Nach einer Weile schlenderte Valldesenio heran. Er wurde vom Diensthabenden angesprochen, der auf die beiden Wartenden zeigte. Der Comisario nickte kurz und kam auf sie zu.

„Guten Abend, es ist alles in Ordnung. Die Señora Matjoschenka ist jetzt in Sicherheit."

„Na wie schön. Wo ist sie und warum sind Sie wie der Teufel hinter ihr her?"

„Ich bin für ihr persönliches Wohlergehen verantwortlich und habe sie in eine bewachte Zelle gebracht, bis die Gefahr vorüber ist. Es steht ihr frei, den Ort bald wieder zu verlassen oder Besuch zu empfangen, aber momentan ist ihr Leben in Gefahr."

Katzer ließ alle Höflichkeit fallen.

„So ein Quatsch. Wir haben zu zweit auf sie am Eingang gewartet, wie Ihnen nicht entgangen sein dürfte, und hätten sie sicher nach Hause begleitet."

„Leider ist der Attentäter, der sich vorgestern der Festnahme entzogen hat, wieder aufgetaucht. Er hat den Auftrag, die Señora zu entführen oder zu erschießen. Der Bursche ist erst 15 und nicht mal strafmündig, was aber nichts am Ernst der Lage ändert. Mit Unterstützung der Guardia Civil werden wir ihn schnell kriegen. Bis dahin hat die Señora Ausgehverbot."

„Sie halten sich nicht an die Vereinbarungen. Wir hatten uns gegenseitige Unterrichtung versprochen."

„Ich habe Sie gerade voll unterrichtet, so schnell wie möglich. Eher ging nicht.“

„Woher wissen Sie plötzlich so genau über den Attentäter Bescheid. Sein Kumpel hat doch angeblich alle Aussagen verweigert.“

„Ich war nicht untätig und habe überall meine Informanten. Ihre Bekannte hat mich gebeten, Sie zu ihr in die Zelle zu bringen. Wenn Sie mir bitte folgen wollen.“

Sie folgten dem Beamten in die Arrestzelle. Ein Uniformierter saß im Flur, die Eingangstür stand offen.

„Können wir bitte mit der Señora allein sprechen?“

Die beiden Männer entfernten sich in den Gang.

„Noa, Du hast gehört, was los ist. Wir lassen Dich hier nicht allein. Wir bleiben bei Dir. Ist bestimmt alles schnell vorbei.“

„Ehrlich, Archiv oder Knast, für mich macht das hier keinen Unterschied mehr.“

„Bald sind wir wieder zu Hause und feiern. Was hast Du gefunden?“

„Für einen kurzen Moment habe ich allerdings gedacht, ich wäre durch. Ich weiß jetzt, warum unser Tino gestorben ist und Thomeu im Koma liegt. Brauche nur noch ein paar Einzelheiten. Bitte besorgt mir schnell den Laptop aus dem Archiv, den mir unser Assistent zur Verfügung gestellt hat. Ihr habt die Karte mit dem Code.“

„Spann uns nicht auf die Folter. Wofür hat Titus die Medaille bekommen?“

„Er hat ein Virus entdeckt, das die Menschheit vernichten kann. Schlimmer als Ebola und HIV. Und ein Mittel, sich dagegen zu immunisieren.“

„Sensationell.“

„Seine Seuche der Neuzeit ist unberechenbar. Es gibt keine Erfolgsgarantie, weder für die tödliche Wirkung noch für die Rettung, solange sie nicht am Menschen erprobt ist."

„Wie die Wirkung bei Tino und Thomeu zeigt, ist das Virus noch immer aktiv. Was ist mit dem rettenden Gegenmittel?"

„Ich weiß nicht, wie weit Titus gekommen ist. Seine Entdeckung wurde der Regierung vorgelegt. Franco war begeistert. Er hat seinem Freund Hitler vorgeschlagen, die Biobombe im Russlandfeldzug gegen die Sowjets einzusetzen. Hitler fürchtete Kollateralschäden für die eigene Armee. Der ganze Irrsinn lief streng geheim und der galicische Clan hat Franco geschworen, zu schweigen. Das Schweigegelöbnis wurde weder durch Francos Tod und noch durch das Ende von Titus Forschungsarbeit außer Kraft gesetzt."

Katzer und Rafa waren geschockt.

„In unserem U-Boot wurden die Tore zur Hölle geöffnet."

Noa nickte.

„Um diese Tore zu schließen, kam 1949 der Befehl, das U-Boot zu versenken. Nichts sollte jemals an die Öffentlichkeit dringen."

Noa zitterte am ganzen Körper.

„Anfang 1949 war Felix d'Hérelle gestorben. Das wissenschaftliche Vorbild von Titus erlag einem Krebs der Bauchspeicheldrüse. Das Alter Ego von Titus hatte auch keine Patentlösung des Virusproblems hinterlassen. Aber Felix d'Hérelle hatte eng mit dem Eliava-Institut in Tiflis zusammengearbeitet, dessen Mitbegründe er war. Das Institut ist heute das wichtigste Zentrum der Phagentherapie. Es hat seit dem Weltkrieg Millionen von Kranken im Ostblock geheilt."

Katzer schüttelte ungläubig den Kopf.

„Warum ist davon im Westen nichts bekannt? Der Ost-West-Konflikt ist doch Vergangenheit."

Noa wischte den Einwand vom Tisch.

„Der Westen hatte das Penicillin entdeckt, der Osten die Phagen. Bei uns in Russland kannst du die Seren des Eliava-Instituts und anderer Phagentherapeuten für wenig Geld in jeder Apotheke kaufen.“

„Mit unsren Antibiotika sind wir fast am Ende.“

„Erinnerst Du Dich an die Ampulle, die Tino im U-Boot-Wrack abgefüllt hat?“

„Ich habe das im Film gesehen. Jemand hat die Stelle in Zeitlupe laufen lassen. Ich konnte mir keinen Reim darauf machen.“

„Ich habe diese Flüssigkeit an die Klinik weitergegeben, als Tino eingeliefert wurde. Wenn wir sie an das Institut in Tiflis zur Untersuchung weiterleiten, können wir Thomeu vielleicht noch retten.“

Für Katzer begann sich die Welt in entgegengesetzter Richtung zu drehen.

„Rafa, schau bitte schnell nach dem Laptop im Keller, ich will Noa nicht allein lassen.“

Rafa rannte zum Archiv zurück. Katzer fand, dass Noa jetzt wirklich aussah wie ein Nager im Schwimmtest und streichelte ihr über den Kopf.

„Bald machst Du Deine Tauchschule auf und zeigst uns, was es rund um Mallorca zu entdecken gibt. Du hast der Welt bewiesen, was Du drauf hast. Wir werden Schlagzeilen machen.“

„Du willst nicht verstehen, was ich sage, oder? Es geht um ein Menschenleben. Für mich zählt jetzt jede Minute. Mal sehen, was unser Laptop noch hergibt. Ich habe viel gespeichert.“

„Fragen über Fragen. Warum wurde U-Boot-Kapitän Caplonch erschossen, während seine anarchistische Mannschaft davon kam?“

„Vielleicht wusste er zufiel. Über das Schicksal der Mannschaft ist nichts bekannt.“

Comisario Valldesenio hatte gesehen, wie Rafa das Polizeirevier wieder verlassen hatte. Er kehrte zur Zelle zurück und blickte die beiden an.

„Alles in Ordnung hier?"

„Unser Freund holt gerade den Laptop für die Señora in Schutzhaft, dann kann sie hier ihre Arbeit fortsetzen. Haben Sie vielleicht eine zweite Liege für mich, ich möchte ihr Gesellschaft leisten."

„Sie können die Nachbarzelle nehmen. Wir sind nicht auf Hotelbetrieb eingerichtet. Wir haben den flüchtigen Gigi Colom sicher bald. Dann können Sie alle gehen."

„Woher nehmen Sie Ihre Zuversicht? Und woher wissen Sie seinen Namen?"

„Er ist hier, um zu handeln, nicht um sich zu verstecken. Alle verfügbaren Kräfte durchkämmen die Stadt nach ihm."

„Wie konnte er schwerbewaffnet untertauchen?"

„Ich kenne Gigi Colom und ein paar Hintermänner. Seine Vorstrafen fielen bisher alle unter das Jugendstrafrecht. Der Besitz einer Automatik-Waffe ist neu."

Der Wachmann am Eingang des Reviers meldete telefonisch beim Comisario die Rückkehr von Rafa. Der nickte. „Lass ihn rein."

Katzer schnappte sich den Computer und bat Noa, ihm das Teil für einen Zeitungsartikel zu überlassen, den er für die Tageszeitungen La Voz de Galicia und El Correo Gallego schreiben müsse. Er rief beide Redaktionen an, erklärte, wer er sei und was er zu einem brisanten politischen Thema anzubieten habe.

„Eine russische Wissenschaftlerin hat hier im Uni-Archiv von Santiago sensationelle Funde ausgegraben. Sie war deshalb Ziel des Feuerüberfalls vor zwei Tagen und befindet sich jetzt in

Schutzhaft bei der Policia Nacional, weil sie erneut bedroht wird."

Katzer diskutierte kurz mit der Redaktion der Voz de Galicia und gab dann das Handy an den Comisario weiter.

„Seien Sie bitte so freundlich und bestätigen dem Redakteur, dass sich die Señora in Ihrer Obhut befindet."

Valldesenio machte ein saures Gesicht, nahm das Handy und nannte seinen Namen und Titel.

„Frau Doktor Nonnotschka Matjoschenka ist zu ihrer eigenen Sicherheit hier in unserem Revier untergebracht."

Einen Sturzbach aufgeregter Fragen des Redakteurs beantwortete er mit einem schroffen „no" und gab Katzer das Handy zurück. Katzer bat Rafa, die anderen von der neuen Lage zu unterrichten und machte sich an die Arbeit. Kern seiner Anklage war die Aussage, die Götter Galiciens hätten einen Gelehrten gepäppelt, dessen Werk die Menschheit bedroht, was aber niemand erfahren dürfe.

Katzers Anklage wurden durch den Feuerstoß einer MP und das Schrillen der Alarmsirene unterbrochen. Zwei oder drei Männer stürmten durch das Haus. Katzer konnte im Keller nicht erkennen, was sich abspielte. Vereinzelte Pistolenschüsse wurden durch eine erneute MP-Garbe unterbrochen. Er hörte die Stimme von Valldesenio im Gang über sich:

„Zellentrakt sichern!"

Ein Scherengitter begann den Flur, auf dem Noa und Katzer sich befanden, abzusperren. Noch ehe das Gitter sich schloss, wurde es durch die Explosion einer Handgranate gestoppt. Katzer wusste nicht, ob es der Knall, der Luftdruck oder ein Granatsplitter war, der ihn für Sekunden lähmte. Als er dem Angreifer entgegentrat, wurde dieser von einer Kugel in den Rücken getroffen. Er fiel vornüber.

Seine Automatik schlitterte über die Fliesen und blieb vor Katzer liegen. Der riss die Waffe hoch und richtete sie gegen den Eingang. Er hielt den Finger am Abzug, als Comisario Valldesenio vor ihm mit seiner Pistole im Anschlag auftauchte. Katzer war klar, dass er diesmal keinen Feuerlöscher in der Hand hielt, sondern den Tod. Er hatte dem Mann vor ihm noch nie getraut, jetzt weniger denn je.

„Um Gottes Willen, Rufus, die Waffe weg!"

„Zuerst du!"

Der Comisario rang nach Worten.

„Nur zwei Polizisten haben überlebt, unser Mann am Eingang ist tot und Gigi Colom auch. Verstärkung kommt jede Minute."

Als der Comisario die eiligen Schritte seines Kollegen hörte, legte er seine Pistole langsam auf den Boden vor sich. Katzers Herz begann wieder zu schlagen. Er lehnte die Knarre des Terroristen mit einem schiefen Grinsen ans Bett.

„Vielleicht brauchen wir die noch. Wer sagt uns, dass der Steife hier allein war. Wie ist er überhaupt auf die Idee gekommen, Noa bei der Polizei zu suchen? Ist doch möglich, dass er hier auf Hilfe hoffte."

Was Katzer in Wahrheit bewegte, war die Frage, woher der Comisario seinen eigenen Vornahmen wusste. Ihm entging offenbar nichts. Er nahm, was ihm nutzte. Gut im Job musste nicht zwangsläufig ehrlich sein.

Valldesenio horchte angestrengt in alle Richtungen und blieb stumm. Die Totenstille im Revier war nur kurz. Die Männer vom Sonderkommando stürmten die Treppen rauf und runter, brüllten überall martialisch „gesichert", kippten sogar ein paar Schreibtische um und sammelten sich dann im Hof. Noa verfolgte das Ganze mit stoischem Gesicht, band ihre Haare mit einem Tuch zusammen und erklärte knapp:

„Game over. Können wir jetzt gehen?"

Katzer küsste ihre von Locken befreite Stirn.

„Geh zurück zum Rudel. Ich rufe noch schnell die Zeitungen an und gebe meinen Augenzeugenbericht durch. Ist schon der zweite Feuerüberfall, den ich in Santiago überlebe."

Er erwischte die Kollegen der Voz de Galicia beim Abschluss der Umbrucharbeiten. „Gute Nachricht. Ich habe den neuen Hauptaufmacher für euer Blatt."

„Komm morgen wieder. Heute ist Feierabend."

„Für einen echten Knaller ist es nie zu spät. Soll ich als Augenzeuge des Feuerüberfalls auf das Polizeirevier wirklich zur Konkurrenz gehen?"

„Was für ein Überfall?"

„Bitte mitschneiden: Zwei Tote und ein gesprengter Haupteingang sind die traurigen Zeugnisse eines Anschlags mit Handgranate und Maschinenpistole auf das Polizeirevier von Santiago."

Der Redakteur atmete tief durch. Katzer fuhr fort.

„Im heftigen Feuer einer Halbautomatik ist soeben der Wachmann des Polizeireviers von Santiago tot am Eingang zusammengebrochen. Ehe weitere Beamte eingreifen konnten, stürmte der Täter den Keller der Arrestzellen, wo sich eine Besucherin der Stadt und ihr Begleiter aufhielten. Hier kam es zu neuen Gewalttaten."

„Hinter den Glassplittern des Eingangs und den rauchenden Trümmern des Gebäudes wird soeben die Leiche des jugendlichen Täters Gigi Colom vor dem Zellentrakt geborgen. Er wurde mit einem Schuss in den Rücken von der Polizei gestoppt. Nach möglichen Helfern des erst 15 Jahre alten Angreifers wird fieberhaft in der ganzen Stadt gesucht."

Katzer zündete sich eine Selbstgedrehte an, ehe er fortfuhr.

„Ziel des Angriffs war eine russische Wissenschaftlerin, die im Archiv der Universität den Nachlass des Mikrobiologen Titus del

Maron aus einer bekannten galicischen Familie erforschte. Professor del Maron hat offenbar zu Lebzeiten an einer streng geheim gehaltenen Biowaffe gearbeitet, die General Franco zur Verfügung gestellt wurde, aber bisher nie eingesetzt worden ist. Die Waffe hätte die Wirkung mittelalterlicher Pestepidemien weit übertroffen.“

„Ob Frau Doktor Matjoschenka entführt oder getötet werden sollte, kann die Polizei derzeit nicht sagen. Das müssen weitere Untersuchungen ergeben. Es gilt jedoch als unwahrscheinlich, dass der 15jährige Täter ohne Hintermänner gehandelt hat. Er war bereits an einem vorangegangenen Anschlag gegen die Russin vor zwei Tagen in Santiago beteiligt und konnte entkommen. Sein Komplize sitzt in Untersuchungshaft.“

„Der Lebensgefährte von Frau Dr. Matjoschenka, ein Privatdetektiv namens Paco Teruel, fiel kürzlich in Mallorca einem Mordanschlag zum Opfer. Er hat den galicischen Reeder Florindo del Maron Mendoza persönlich gekannt und Nachforschungen angestellt, welche die familiären Kontakte zwischen dem Reeder und seinem Onkel Titus del Maron während der Francozeit betrafen. Der Privatdetektiv, der zur Tarnung ein Tauchsportunternehmen betrieb, hatte die Machenschaften der galicischen Mafia untersucht und den Reeder del Maron verdächtigt, mit dem Mafiapaten El Santo identisch zu sein.“

„Die Policia Nacional in Palma de Mallorca sowie Interpol sind mit der Untersuchung des Mordfalles beschäftigt, dem bereits ein missglückter Anschlag mit einer Briefbombe gegen Paco Teruel vorausging. “

Katzer bellte ein „Ende der Durchsage“ in den Hörer. Als der Redakteur der „Voz“ nachfragte, ob noch etwas zu erwarten sei, kündigte Katzer ihm an, dass er noch per E-Mail eine Zusammenfassung der Forschungsergebnisse von Frau Doktor Matjoschenka erhalten werde. Dann schickte er den

Augenzeugenbericht vom Blutbad im Polizeirevier noch an den Correo Gallego.

13. Kapitel

Katzer hatte noch vor dem Frühstück alle Zeitungen gekauft, die der Kiosk zu bieten hatte und ärgerte sich. Florindo del Maron war in den Berichten für seinen Geschmack zu billig davongekommen. Nachdem er mehrere Tassen Kaffee in der Jugendherberge getrunken hatte, war sein Ärger verflogen. Eine Verbindung zu den aktuellen Missetaten würde El Santo ohne Zeugenaussagen nie nachzuweisen sein.

Für seine Verwicklung in schlimmere Verbrechen der Bürgerkriegszeit galt ohnehin die Straffreiheit der Generalamnestie. Sie wurde perfekt ergänzt durch die Straffreiheit in internationalen Gewässern, die nach einem Urteil des obersten spanischen Gerichtshofes auf der iberischen Halbinsel galt. Nur 3 Prozent aller Ozeane werden durch nationale Zugehörigkeit und deren Gesetze geschützt.

Gegen das Frösteln im Garten der Herberge konnte der Kaffee nicht heiß genug sein. Da den Hunden der Zutritt in den Gemeinschaftsraum verboten war, zog Katzer dennoch einen Tisch im Freien vor. Noa und die übrigen Freunde leisteten ihm Gesellschaft unter einem bleigrauem galicischen Himmel. Öhrchen und King-Kong saßen ihnen zu Füßen und warteten auf Leckerbissen vom Tisch.

Katzers Herz gehörte den beiden Hunden, die keine Eifersucht zeigten und sich die Käsestückchen und Brotrinden vom Tisch nicht streitig machten. Alles war einfach. Ihr Instinkt hatte ihnen Freundschaft signalisiert, Geruch, Körpersprache und der genetische Krimskrams stimmten. Katzer dachte unwillkürlich an seinen gestrigen Zusammenstoß mit Comisario Valldesenio, wo Sekundenbruchteile über Leben und Tod entschieden hatten.

Katzer und der Cop waren zusammengeprallt wie zwei Lokomotiven bei falsch gestellten Signalen. Todfeind oder

Lebensretter. Ein verräterisches Zucken der Augen oder der Fingerspitze des bulligen Mannes hätten genügt. Einen mageren oder hohlwangigen Gegner hätte Katzer vermutlich erschossen. Valldesenio kannte ihn besser als er sich selbst und blieb cool.

Katzer fühlte sich dennoch als Sieger. Sie hatten sich alle während ihres Aufenthaltes in der Heiligen Stadt keinen Fehler erlauben dürfen. Jetzt auch nur einen Moment länger mit der Abreise zu zögern, wäre ihr erster gewesen. Er sprang auf die Füße und hatte das Gefühl, auf einer heißen Platte gelandet zu sein.

„Mach wir, dass wir wegkommen. Wir haben keine Minute zu verlieren. Vielleicht kann Noa ja unseren Freund Thomeu noch retten. Wir müssen nicht warten, bis El Santo uns aus der Luft bombardiert. Alles hier ist unwirklich."

Zum Glück war Lupo gestern mit seinem geräumigen Audi gekommen, der Platz für alle einschließlich Öhrchen bot. Viel einzuladen gab es nicht. Noa klärte mit ihrem Assistenten der historischen Fakultät, dass sie den Laptop mitnehmen durfte und später zurückgeben würde. Katzer war zufrieden.

„Bitte keine Abschiedsszenen. Zu niemandem ein Wort über unsere Pläne. El Santo hat Augen und Ohre überall und ich fürchte, er hat sein letztes Wort nicht gesprochen. Wir fahren jetzt zum Flughafen und wer nicht zwei Tage mit Auto und Fähre unterwegs sein will, bestellt bitte Tickets bis Palma. Ich übernehme die Rückfahrt im Auto. Noa muss schnellstmöglich in die Klinik zu Thomeu. Wenn nur die geringste Chance besteht, ihn zu retten, muss sie jetzt nutzen, was sie gelernt hat. Lupo soll selbst entscheiden, ob er per Auto oder Flieger nach Hause will. Auf ihn wartet seine Familie, aber vielleicht will er die Strecke auch mal bei besserem Wetter erleben."

Außer Lupo entschieden sich alle, Noa im Flugzeug nach Palma zu begleiten. Sie hatte bereits Handykontakt mit der Universitätsklinik von Palma aufgenommen und erfahren, dass

Thomeu noch lebte. Die mit dem Patienten eingelieferte Ampulle aus dem Wrack war noch vorhanden und sachgerecht gelagert worden. Sie wollte gleich nach ihrer Landung in Palma zur Klinik und sich selbst um alles kümmern, was zu veranlassen war. Sie bat flehentlich, die Hoffnung auf Heilung des Patienten nicht aufzugeben.

„Wir können ihn noch retten. Auch wenn nach dem Lehrbuch nur noch ein Wunder hilft. Ich habe im Archiv der Heiligen Stadt einen Hinweis gefunden." Noa kicherte wie eine Kräuterhexe.

Sie hatte geglaubt, nach Katzers überstürztem Aufbruch eine kaputte Welt hinter sich zu lassen. Noch ahnte sie nicht, dass im fernen Georgien die nächste kaputte Welt auf sie wartete. Paco und Tino waren tot. Thomeu sollte leben.

Nacho saß neben Noa im Flugzeug und wandte sich an sie, als sie Galicien überflogen. „Ich habe mein Auto bei „Park&Fly" am Flughafen stehen. Wenn wir ankommen, kann ich Dich direkt zur Uni-Klinik bringen."

„Nett von Dir. Für Thomeus Fall haben sich gleich zwei Professoren zuständig erklärt. Ich bin bereit, notfalls auch einen Vortrag vor einem ganzen Hörsaal zu halten, um ihm zu helfen. Vermutlich muss man wie Titus del Maron drei Jahre unter Wasser leben, um seine Sicht auf die Welt zu ändern. Ich habe ein paar Tage mit ihm unter der Erde verbracht, das war ansteckend."

„Solange Du keinen neuen Ost-Westkonflikt wegen der Bakteriophagen-Therapie entfachst, stehen wir alle hinter Dir. Es reicht, wenn wir uns mit der galicischen Mafia anlegen."

„Kannst Du mir etwas Geld für unterwegs leihen? Ich bin pleite und bis Tiflis schaff ich nicht zu Fuß."

„Hab nicht viel Bares dabei. Auf meine Kreditkarte kannst Du einen Flug nach Georgien buchen, wenn Du den Rest alleine schaffst."

„Danke. Die alte Sowjetunion hat Georgien wieder ausgeschissen, zum Glück hat in den Fäkalien auch Wertvolles überlebt. Das muss ich finden."

Katzer war froh, die Trennung vom Rudel hinter sich zu haben und eilte mit Öhrchen und Lupo zum Audi zurück. Ihm fiel ein, dass er sich von King-Kong nicht mal verabschiedet hatte. Er tröstete sich mit dem Gedanken, dass sie wenigstens einen in Santiago zurückließen, der ohne Groll an sie dachte.

Auf dem Weg zum Auto rief er Isabel an, um zu fragen, ob der Mörder von Fartaritx schon gefasst sei. Sie verneinte.

„Der ist irgendwo auf der Insel untergekrochen. Wir haben ihn im Computer. Sein Name ist Ismael Paleti. Ist nur eine Frage der Zeit, bis er ins Netz geht."

Katzer dachte an das Geld, das Paco vor seinem Tod abgehoben aber nicht mehr dabei gehabt hatte, als er gefunden wurde. Er beschloss, seine Gitanofreunde in die Fahndung einzubeziehen. Sie waren besser vernetzt als die Polizei und unschlagbar, wenn man sie motivieren konnte.

Amade war zehn Jahre alt, als er ihn in der Deutschen Buchhandlung von Palma getroffen hatte. Inzwischen war er fünf Jahre älter und schon ein Mann. In Wahrheit sind Gitanos schon als Kinder erwachsen, sie haben gar keine andere Wahl. Amade kaufte und verkaufte alles, was ihm unter die Finger kam, gab Flamenco-Einlagen für die Touristen, stellte Verbindungen her und wusste über alles in der Stadt Bescheid. Neuerdings nannte er sich „Realizer", was in Spanien der Realizador ist und Regisseur heißt. Auf Wunsch schuf er auch Wunder. Er war ein Einzelkämpfer, der jederzeit Dutzende, Hunderte, bei Bedarf auch Tausende Artgenossen der Insel in Anspruch nehmen konnte. Ein Gitano war nie allein. Und du bist es auch nicht, wenn du das Glück hast, einen von ihnen deinen Freund zu nennen.

Er gab Gas. Lupo saß hinten und schlief schon nach einer Viertelstunde fest. Öhrchen neben ihm steckte den Kopf aus dem Fenster und ließ ihre Ohren flattern. Jede überwundene Mautstelle verstärkte das Glücksgefühl, sich dem heimischen Mallorca zu nähern.

Pünktlich zur Siestazeit fielen ihm die Augen zu. Er tauschte mit Lupo das Steuer und rollte sich auf der Rückbank zusammen. Nach mehreren Fahrer-Wechseln war Barcelona erreicht. Die Stadt ist für Autofahrer die Hölle, aber das Navy geleitete sie sicher zur Fähre.

Katzer nutzte die Wartezeit bis zum Boarding, um Amade anzurufen.

„Huep, Realizer, Du wirst gebraucht.“

„Gut zu hören, das erhöht meinen Marktwert.“

„Lass uns keine Zeit verlieren. Wir treffen uns bei Ankunft der Fähre in Alcudia. Ich komme in einem roten Audi und gebe Dir gleich per SMS unser Kennzeichen durch. Es geht um einen gesuchten Raubmörder, der viel Bargeld erbeutet hat.“

„Geht klar. Ich hoffe, er hat noch nicht alles verjubelt.“

„Der ist irgendwo untergekrochen und war nicht so blöd, jemand von der Kohle zu erzählen. Das Geld gehört der trauernden Witwe.“

„Zehn Prozent gehen an mich und meine Connection.“

„Mal sehen. Bis bald. In acht Stunden.“

Auf der Fähre holten sie Schlaf nach. Die Sonne ging früh auf. Das einzigartige Schauspiel über dem Mittelmeer rief viele Passagiere an Deck. Die See war spiegelglatt. Ungefähr 20 Kilometer vor Alcudia stieß Lupo Katzer in die Rippen.

„Hier irgendwo liegt unser verdammtes U-Boot. Die Fähre sollte eine Gedenkminute einlegen für uns Trottel, die ihm zu nahe gekommen sind. Vielleicht sollten wir nochmal runter und von vorn anfangen.“

„So was wie Mensch ärgere dich nicht. Du glaubst dich am Ziel, würfelst falsch und kriegst ‚Alles auf Anfang‘.“

„Das Meer hat sein Leichentuch über den Schrecken gelegt. Und die Sonne gibt ihr Bestes, das Schauspiel zu verschönern. Hier oben ist alles gut. Unser Film erzählt eine andere Geschichte.“

Katzer fiel ein, dass Lupo den Mörder von Paco schon einmal mit dem Skipper zusammen gesehen hatte. Die beiden kannten sich offenbar gut.

„Wo war das gleich, wo die beiden sich getroffen haben?“

„In Port Soller. Zwei Fischer beim Fachsimpeln. Wie das meistens so ist. Mörder und Opfer kannten sich.“

„Ich frage mich, was Paco von Ismael Paleti gewollt hat. Mit was hat der Gauner unseren Skipper in die Berge gelockt? Wozu hat Paco so viel Geld rumgeschleppt?“

„Vielleicht haben wir in Santiago an der falschen Stelle gesucht. Vielleicht liegt die Lösung des Rätsels direkt vor der Haustür. Denk an meine Worte. Wir müssen noch mal runter.“

„Mich hat das Wrack da unten immer an ein Ungeheuer erinnert. Kein Weißer Wal, aber ein Wesen der Tiefe mit eigenem Fluch. Vielleicht ist es nur sein Name, ich kann einfach nicht glauben, dass einer namens Ismael so blöd ist, sich auf dem Präsentierteller der Fahndung preiszugeben. Mit der persönlichen Abgabe der Briefbombe hat er eine dicke Spur zu sich selbst gelegt. Absicht oder Idiotie?“

„Sucht er vielleicht den Kontakt zu uns? Das kann ich nicht glauben.“

„Eine vertrackte Geschichte. Wir müssen ihn finden, bevor die Polizei es tut.“

Der morgendliche Betrieb am Fährhafen von Alcudia war übersichtlich. Die müden Gäste aus Barcelona trafen auf wache Ausflügler, die sich auf einen Tag in Menorca freuten. Katzer hielt Ausschau nach Amade, der gelangweilt mit seinem

Skateboard unter dem Arm herumstand. Er lud ihn in in den Audi und fuhr die nächste Resopalkneipe an, wo er drei große Becher Kaffee bestellte.

„Ich habe dir das Foto von Ismael Paleti geschickt, nach dem die Polizei seit Tagen vergeblich fahndet. Wahrscheinlich hat er Paco, den Skipper, um die Ecke gebracht. Das ist während eines Schafabtriebs oben in Fartaritx passiert, wo normalerweise keiner von beiden hinkommt.“

„Ismael, wie der Überlebende von Moby Dick? Kenne ich. Mein Freund Edgar von der Bücherei „Dialog“ hat mir mal das Taschenbuch geschenkt.“

„Weiß ich. Da haben wir uns das erste Mal getroffen, vor fünf Jahren. Der Ismael, den wir jetzt suchen, hat aber nichts mit Moby Dick zu tun. Eher mit einem U-Boot-Wrack vor Alcudia 50 Meter unter dem Meer. Ich habe den Film von unserem Ausflug auf meinem iPad. Schau mal.“

„Unter Wasser habe ich nichts verloren.“

„Es reicht, wenn Du nahe am Wasser bleibst. Die beiden waren immer in den Häfen mit Fischern und Seglern zusammen. Vielleicht ist Ismael auch in einer verlassenen Berghütte untergekrochen oder auf einem Kutter nach Menorca entwischt.“

„Ozeanische Träumereien also, wie Ismael sagt. Fischer, Skipper, auch Funker, alles was fließt wie das Wasser und kein Ende kennt. Schöner Film.“

„Du hast die Witterung aufgenommen, Amade, bleib dran. Hier im Hafen bist Du richtig.“

„Ist es Zufall, dass Ismael in Moby Dick von einem metaphysischen Professor spricht?“

„Du hast einen siebenten Sinn, der mir Angst macht, Amade. Genau was wir brauchen.“

„Ich brauche viel Unterstützung. Wie viel kannst Du flüssig machen?"

„Alles was nötig ist und schnell zum Ziel führt."

Katzer zahlte die Rechnung, Öhrchen sprang auf und Amade entschwand auf dem Skateboard zum Jachthafen von Alcudia. Katzer ließ sich von Lupo nach Pollença bringen, wo seine Fellnasen ihn erwarteten. Sie hatten schon Frühstück von der Nachbarin bekommen, nahmen aber gern noch einen Willkommensgruß entgegen.

14. Kapitel

Amade kannte im Jachthafen von Alcudia einen Gitano, der sich um die Elektronik kümmerte. Er kärcherte auch Decks, entsorgte den Müll und machte sich vielfach unentbehrlich. Er kannte fast jeden Rumtreiber am Wasser, flüchtig auch Paco und Ismael. Hatte aber beide seit Wochen nicht mehr gesehen.

„Paco hat Ismael auch gesucht. Weiß nicht warum. Frag mal in den anderen Häfen rum. Vielleicht Portochristo oder Calaratjada „Paco ist inzwischen tot. Wenn Du was hörst, schlag Alarm.“

Der Regisseur setzte sich auf den Rinnstein und gab eine Suchmeldung an alle Gitanos in den Häfen der Insel raus, die er kannte. „Suche Ismael Paleti. Belohnung für jeden brauchbaren Hinweis.“

In den folgenden Stunden gingen 46 SMS und Anrufe bei Amade aus allen Häfen und Anlegestellen ein. Er stellte einen Suchtrupp von Altersgenossen zusammen, der alle verfügbaren Informationen für ihn sammeln sollte. Einen wie Ismael findet man nicht aus Versehen. Die Sache komplizierte sich durch einen Hinweis aus Portocolom, Ismael könnte auch Amateurfunker oder Hacker sein, mindestens aber mit denen zu tun haben.

Der sonst nie um einen Move verlegene Amade kam ins Grübeln. Er kannte niemand, der je etwas mit einem Amateurfunker oder Hacker zu tun gehabt hatte. Zur Erweiterung seiner Sensorik rief er sich Katzers Tauchfilm in Erinnerung und suchte Edgar in seiner Buchhandlung in Palma auf.

„Manchmal müssen wir der Wahrheit in uns selbst auf die Sprünge helfen“, sagte Edgar und griff eine illustrierte Ausgabe von Melvilles „Moby Dick“ aus dem Regal. Er schlug Amade vor, das Buch wahllos aufzuschlagen. Amade öffnete das Buch und las eine Passage über einen geschlachteten Wal, wo der der Autor erklärte, warum Wale stumm sind.

„Obwohl Melville viele Jahre unter Walfängern gelebt hat, ist seine Beobachtung falsch", sagte Edgar. „Heute wissen wir, dass Wale sich mit ihrem Gesang hunderte von Kilometern unter Wasser verständigen. Wale können in der Tiefe nichts sehen, weil es kein Licht gibt, aber ihr Gehör ist phänomenal."

Amade begriff, dass man immer nur findet, was man sucht. Sie hatten Ismael unter den Fischern gesucht. Sie würden ihn vielleicht unter den Funkern oder Computer-Nerds finden. Das würde die Arbeit nicht erleichtern. Obwohl sie inzwischen ganz gut in die Welt der „payo" integriert waren, wie die Roma die Gesellschaft außerhalb ihresgleichen nannten, gab es immer noch Schranken. Eigentlich war ein „payo" ein Hinterwäldler. Aber auch ein Gitano konnte inzwischen ein Computerfreak sein.

Amade ließ seine Kumpels die Computershops und Online-Bars von Palma nach Romakunden abklappern. Er gab dem Gedanken kaum Erfolgschancen. Er wurde eines Besseren belehrt. Das Milieu der Hacker und Darknet-Spezialisten erwies sich als fruchtbarer als gedacht. Im Onyx Cyber-Lab traf er einen kahlköpfigen Vollbartfreak, der sich LeviAthan nannte. „Frag mich alles, nur nicht nach meiner Adresse", sagte Levi. „Ich bin im Deepnet zuhause."

„Was ist Diebnett?"

„Eine unzensierte Netzverbindung für Freaks. Die Kloake der Konsumgesellschaft. Du kaufst und keiner fragt – Feuerwaffen, Kinderpornos, gehackte Konten, Drogen, geschützte Tierarten oder freies Denken."

„Auch Auftragskiller?"

„Es gibt Connections für gute und böse Taten, für die keiner die Maske fallen lässt. Was suchst Du überhaupt?"

„Einen Mann ohne Namen, der im Untergrund unterwegs ist. Ohne Seele, ohne Blut, ohne Spuren – vielleicht sogar atemlos."

„Rein virtuelle Wesen. Gibt's eigentlich nicht. Ich kenne Dutzende, drei davon näher. Netzvampire, die vom Aas leben. Ohne eigene Identität, aber individuelle Bissspuren. Okupas wie ich, Besetzer, die leben, wo gerade frei ist."

„Namen?"

„Ich nenne sie Amon, Baka und Deva. Fleischlose Existenzen, ich mag sie."

„Macht mit Dir zusammen schon ein Quartett, LeviAthan. Wie komme ich an die ran?"

„Vielleicht Zufall. Vielleicht nie. Überlass das mir. Wo ist Dein Mann letztes Mal in Erscheinung getreten?"

Amade überlegte einen Moment.

„Als Fischer. Und auf der Fartaritx-Alm."

„Gut. Sprich mit niemand darüber. Melde Dich morgen wieder bei mir."

Amade skatete zurück auf seinen Gerümpelhof in Palmas Töpferviertel, wo er alles stapelte, was vielleicht noch mal brauchbar war. Sein Hof zwischen dem Gereria Platz und Plaza de Quadrado sah nach einem Volltreffer auf einem Containerschiff aus. War aber nur ein Ersatzteillager für Kunsthandwerker, Keramiker und Goldschmiede, die gern Altes mit Neuem kombinierten. Das ehemalige Rotlicht- und Drogenviertel, früher verächtlich barrio chino genannt, war nicht die beste Adresse, als seine Mutter hier anschaffen ging. Inzwischen wurde es von Touris und Maklern entdeckt, aber die Ureinwohner, Kneipenwirte und Handwerker leisten Widerstand mit bunt gestrichenen Fensterläden und Graffiti zwischen der Kirche Nostra Señora des Socorro, Bürgerinitiativen und einer Caritas-Küche, wo Flüchtlinge und Obdachlose auf eine warme Mahlzeit warten. Hinter offenen

Fenstern und Stahlgerüsten, die Häuserwände stützten, konnte man Stuckdecken sehen. Dass es hier keine Parkplätze gab, machte das Töpferviertel zum perfekten Barrio für Skateboarder.

Amade grüßte die schwulen Gastronomen vom „Flexas" mit dem Handy in der Linken und schwankte einen Moment zwischen Pflicht und Ehre. Zwischen dem unsichtbaren LeviAthan und dem zahlenden Katzer fiel die Entscheidung nicht schwer. Levi hatte ja nicht mal seine Nummer rausgerückt, also wählte er den Jéfe.

„Huep Jéfe, morgen kommen wir Deinem Phantom von Fartaritx vielleicht näher. Wir müssen nur zwischen den Vampiren Amon, Baka und Devas in den Untiefen des Deepnet wählen. Klingt realistisch, wenn ich an Deinen Film mit dem U-Boot-Wrack denke. Vielleicht hast Du mich falsch gepolt mit Deinem Unterwasserepos. Oder der von Dir Gesuchte ist wirklich nicht von dieser Welt, sondern eher bei den Zwitterwesen des Internet zu finden."

„Glaubt ihr Gitanos wirklich noch an Geister? Ihr nennt sie „mulé", stimmts?""

„Ist doch egal. Nur der Erfolg zählt."

„Einverstanden. Bring mir einfach den, der Paco auf dem Gewissen hat."

Katzer kümmerte sich einen feuchten Kehricht um den Gipsy-Voodoo, wenn nur bald der Deckel auf die ganze Geschichte kam.

Amade steckte das Handy weg und klomm mit seinem Board unter dem Arm die steile Treppe zu seiner Wohnung nach oben. Die war mit ausgesuchten Stücken vom Sperrmüll möbliert. Ohne einen Gedanken an die ihn umgebende Welt zu verschwenden, fiel er in tiefen Schlaf.

Katzer versuchte, Noa auf ihrem Phone zu erreichen, kriegte aber keine Verbindung. Die Welt ist immer nur global, wenn man sie am wenigsten braucht. Seine Nachfragen beim Rudel ergaben, dass sie nach Tiflis unterwegs sei auf der Suche nach einem Medikament von Bakteriophagen, das Thomeu zum Leben erwecken könnte. Rückkehr ungewiss. Sie wolle nur mit der rettenden Emulsion oder gar nicht mehr kommen.

Katzer redete sich ein, dass Noa sieben Leben hatte wie seine Katzen. Einer ihm zugelaufenen Mieze hatte man in den Kopf geschossen. Die Rote Zora lebte seit Jahren mit einer Patrone im Schädel ohne Probleme. Noa hatte den stählernen Sarg vor Alcudia und die galicische Mafia überlebt. Sie würde auch Georgien überleben. Er ahnte nicht, dass sein resoluter Rotschopf zu diesem Zeitpunkt bereits Felix d' Hérelles Institut für Phagentherapie in Tiflis erreicht hatte. Was Noa am Ziel ihrer Wünsche vorfand, wäre ihm nicht mal am Rande des Wahnsinns eingefallen.

Er fühlte sich gut. Zur Krönung des Tages drehte er sich daheim eine Lusche und genehmigte sich einen Cardenal Mendoza. Jetzt mussten sie nur noch Pacos Killer finden.

Am folgenden Morgen fütterte er wie immer als Erstes seine Samtpfoten und leinte Öhrchen zum frühen Gassigang durch die erwachende Gemeinde an. Er trank seinen zweiten und dritten Cortado, sah verspäteten Schulkindern nach und überlegte, ob er lieber zur alten oder der neuen Tankstelle des Ortes fahren sollte, um neue Wischerblätter für sein Auto zu besorgen, als sein Handy klingelte. Zu seiner nicht geringen Überraschung war es Isabel von der Kripo, die sich bei ihm meldete.

„Mit Dir hatte ich im Moment am wenigsten gerechnet. Aber wo Schönheit sich mit Gerechtigkeit paart, bin ich immer auf Empfang."

„Für so komplizierte Gedankengänge musst Du ziemlich ausgeschlafen sein. Trifft sich gut. Ich habe hier eine Nachricht auf dem Tisch, die Dich interessieren könnte."

„Lass hören."

„Die Forensiker haben die Todesursache von Paco ermittelt.“

„Und?“

„Er ist an einem Schädelbruch gestorben.“

„Wenig überraschend. Das war sogar im Halbdunkel zu erkennen.“

„Das Überraschende ist die Tatwaffe. Die Verletzung ist ihm durch eine Schafhufe zugefügt worden. Er wurde niedergetrampelt und ist mit dem Kopf auf einen Stein geknallt. Die Spuren sind eindeutig.“

„Da hatten wir fast das gleiche Schicksal, nur hatte ich etwas mehr Glück. Aber wie ist er dann in das Haus reingekommen?“

„Gute Frage. Jemand muss den Toten ins Haus gezerrt haben. Aber warum?“

„Ich war's nicht.“

„Bist Du sicher? Nach Deiner Aussage warst Du doch kurz ohnmächtig und kannst Dich an nichts mehr genau erinnern.“

„Verdammt, ich wusste nicht mal, wer der Tote war. Wenn ein paar Hundert Schafe über Dich trampeln, ist Weltuntergang. Da hält sich keiner mit Entschuldigungen auf. Ich habe nicht mal Visitenkarten verteilt.“

„Machst Du doch sonst immer gern.“

„Hör auf zu spotten. Paco war mein Freund. Ihn hätte ich bestimmt erkannt. Und ich hätte mich um ihn gekümmert. Egal, wie beschissen es mir ging.“

„Aber um Deinen Hund hast Du Dich gekümmert.“

„Nein, ja, äh . . . das war umgekehrt. Er hat sich um mich gekümmert.“

„Du wirst verstehen, dass sich aus unseren Erkenntnissen neue Fragen ergeben. Komm bitte gleich aufs Revier, wir brauchen Deine Aussagen.“

“Was ist mit dem Blut auf der Schaufel?“

„Die Schaufel ist uralt. Das Blut an ihr stammt von einem Schaf. Ich bin gespannt, wie Du aus der Nummer rauskommst.“

„Ist denn Eure Fahndung nach dem Landarbeiter eingestellt?“

„Läuft noch. Aber die Briefbombe, die er geliefert hat, war nur ein Scherzartikel.“

15. Kapitel

Katzer hatte gerade die neue Tankstelle hinter dem Supermarkt erreicht, um Wischerblätter zu kaufen und dann zur Polizei nach Palma zu fahren, als sein Gitano Amade sich bei ihm meldete.

„Unser Zwitterwesen aus dem Netz ist ein Genie. Wo würdest Du Dich verstecken, wenn Dich niemand finden soll?"

„Weiß nicht. Auf dem Mond eher nicht. Zu überlaufen. Ein Ort, wo mich keiner kennt und niemand auf die Idee kommt, mich zu finden."

„Genau. Wo hast Du Ismael das letzte Mal getroffen? Kennt ihn dort jemand?"

„In Fartaritx. Da gibt's nur Schafe und ein paar Hirten. Keine Nachbarn, keine Zeitung, kein Fernsehen. Nicht mal Strom. Nur eine Wasserquelle und viel Gras."

„Ideal, genau am Ende der Welt. Aber nur eine Stunde weiter unten durch den Wald liegt Can Hugo. Die 12-Millionen-Luxusvilla des Kristall-Magnaten Swarovski. Renoviert für Feriengäste. Pool, Strom, WiFi und Garage inklusive. Derzeit leer. Dein Typ ist Hausbesetzer und Hacker, er lädt in der Garage sein Akku auf. Ein Laptop ist das Letzte, was man bei diesem Wilden vermutet."

„Nee, der sieht aus wie ein Yeti."

„Aber hast Du seine Finger gesehen? Er könnte Violine spielen."

„Das ist unser Mann. Jede Wette. Lass uns sofort hinfahren."

„Ist nicht meine Welt. Als Skateboarder bin ich auf Asphalt zu Hause. Du kennst Dich da oben besser aus."

„Mag sein. Aber Ismael wird wegen Mordes gesucht."

„Quatsch mit Soße. Brutalität ist nicht sein Ding. Seine Verbrechen begeht er am Rechner. Seine Waffe ist der IQ. Und geh allein. Wenn Du mit einer Armee kommst, löst er sich in Luft auf."

„Vale amigo. Geht klar. Bin schon unterwegs. Wenn ich unseren Geist erwische, ist es das geilste Ding, das Du für mich gedreht hast."

Das Polizeipräsidium konnte warten. Katzer beschloss, Prioritäten zu setzen. Einen Unsichtbaren zu finden hatte Seltenheitswert. Er fuhr langsam, fast andächtig. Es war gar nicht so lange her, dass er den Weg nach Fartaritx das letzte Mal mit seiner Hündin zu Fuß gegangen war. Er war froh, die Rottweilerdame jetzt im Auto dabei zu haben. Es war alles wie neulich und doch völlig anders. Er näherte sich dem Ziel in einem anderen Zeitalter und die furchtbaren Dinge, die seitdem geschehen waren, waren noch nicht passiert. Sein Herz klopfte.

Er ließ die Jugendherberge an der Römerbrücke hinter sich und schlängelte sich ein Stück durch den Wald hinter Pollença, bis er einen geeigneten Abstellplatz für sein Auto fand, weil man bei Can Hugo nicht parken konnte. Sein Auto hätte den Weg blockiert und den scheuen Gast vielleicht vertrieben. Er stand genau vor dem Gatter einer Ziegenfamilie, die ein Lamm adoptiert hatte. Er leinte Öhrchen an und ging den Rest des Weges mit ihr zu Fuß.

Das alte Gehöft von Can Hugo, das er normalerweise von außen über eine steile Treppe umging, sah auf der Straßenseite abweisend und wenig einladend aus. Es öffnete sich nach hinten in eine grandiose Landschaft und bot dem Besucher von einer breiten Terrasse aus den Blick auf den Puig Maria mit seinem Kloster. Hinter dem alten Gemäuer nahmen riesige Schlaf-und Gemeinschaftsräume mit einem grandiosen Panoramafenster den zahlenden Gast in Empfang.

Katzer war beklommen, als er das Garagentor zu öffnen versuchte. Es war nicht abgeschlossen. Der niedrige Raum war leer und wurde durch zwei schmale Fensterschlitze erhellt. Ein angeschlossener Gartenschlauch, zwei Steckdosen und ein Feuerlöscher weckten sein Interesse. Er schaute sich nach Kameras um, sah aber nichts.

Dafür war ein Bürostuhl hinter einem Tisch vorhanden. Er rollte den Stuhl vor eines der Fenster und beschloss, zu warten. Öhrchen legte sich auf den Boden neben ihm, um bald einzuschlafen. Die Todesnähe, die beide in diesem Gelände erlebt hatten, schien sie nicht zu belasten. Katzer beneidete sie. Er versuchte, alle Unruhe abzulegen und zu meditieren. Er vergaß die Zeit. Er hatte eine Plastikflasche Wasser von der Tankstelle mitgenommen und gab der Hündin aus der hohlen Hand zu trinken. Zur Siestazeit überfiel ihn Müdigkeit und er schlief ein paar Minuten ein. Der tote Paco beugte sich über ihn und sagte „Call me Ismael." Er schreckte hoch.

Er hatte Schmerzen vom langen Sitzen, sprang auf und streckte sich. Durch das Fenster fiel sein Blick auf eine schmale Gestalt, die sich sorglos dem Gebäude näherte. Katzer erstarrte. Mit der Hand bedeutete er Öhrchen „Platz". Sie gehorchte winselnd. Er erkannte den gesuchten Mann, der einen winzigen Rucksack trug. Sein Puls raste und seine Hand schloss sich um Öhrchens Schnauze. Kein Laut und keine Bewegung. Der Rottweiler und sein Mensch harrten gespannt.

Ismael hatte die Garage erreicht. Er gestattete sich eine gelassene Betrachtung des Geländes und trat ein. Katzer riss Öhrchen an der Leine zu Boden und befahl „Sitz". Sie reckte die Schnauze und stellte ihre anderthalb Ohren auf, rührte sich aber nicht.

„Hallo Ismael oder wie immer Du gerade heißt. Herzlich willkommen in Can Hugo. Mein Name ist Katzer, ich war ein Freund von Paco. Schön, dass wir uns kennenlernen. Keine Angst, meine Hündin wird Dir nichts tun."

Ismaels Anspannung wich einer verblüffenden Ruhe. Lange betrachtete er Katzer und die Hündin.

„Ich weiß, wer Du bist.“

„Kennen wir uns?“

Ismael zog sein Laptop aus dem Rucksack und stöpselte den Akku zum Aufladen in den Strom.

„Ich lebe im Netz. Der Job bei den Schafen ist nur Zeitvertreib. Ich weiß alles über Dich, was man im Internet erfahren kann. Mehr als Du denkst.“

„Ist mir eine Ehre.“

„Dein Ausflug nach Galicien samt Deiner Berichte war prima. Große Leistung. Dein alter Job vor Jahren mit dem Kokainboß aus Kolumbien auch.“

„Man vergisst, was alles so gespeichert wird. Du bist die irrste Mischung, die mir je begegnet ist. Siehst aus wie ein Wischmob mit dem Hirn eines Skalpells.“

„Ich lasse mich weder vom Kopf noch vom Spiegel leiten Ich verlange viel aber brauche wenig. Und ich habe Deine Hündin gefüttert, als sie immer wieder hier hoch kam. Sie hat Dich tagelang gesucht. Treue Seele.“

„Unfassbar.“

Katzer ließ Öhrchen von der Leine. Sonst war sie zurückhaltend gegenüber Fremden. Jetzt lief sie zu ihm und ließ sich kraulen.

„Tut mir leid, was mit Dir und Paco passiert ist. Die Schafe sind außer Kontrolle geraten. Sie hassen bergab zu laufen. Wir hatten Panik.“

„Hast Du Paco ins Haus geschleppt?“

„War leider zu spät. Nichts mehr zu machen. Zu allem Unglück kamst auch noch Du dazu.“

„Was habt Ihr in Fartaritx gewollt?“

„Lange Geschichte. Ich hatte jemanden für ihn getroffen. Gehen wir erst Mal zur Küche. Im Kühlschrank lagern noch Reste der letzten Gäste.“

„Hast Du keine Angst, von den nächsten Besuchern überrascht zu werden?"

„Kein Problem. Ich hacke mich überall rein und weiß über alle Daten Bescheid. Das nächste Ehepaar kommt erst in einer Woche."

„Du bist hochgefährlich. Reiner Zufall, dass Paco nicht durch Deine Briefbombe krepiert ist."

„Das war doch seine Idee! Paco der große Detektiv. Der verrückte Hund wollte Druck aufbauen, damit beim U-Boot-Wrack eine staatliche Untersuchung in Gang kommt. Ich habe die Akten der Kriegsmarine gehackt. Da ist noch längst nicht alles digitalisiert, aber die Vermutung liegt nahe, dass die Admiralität um die Gefährlichkeit des Schiffes wusste."

Sie waren in der Küche des Traumhauses angekommen, das nur von außen dem Betrachter die kalte Schulter zeigte. Innen hatte sich ein begnadeter Innenarchitekt ausgetobt. Ismael holte die Reste einer Lammschulter und eine köstliche Sauce aus dem Kühlschrank. Katzer winkte ab.

„Ich bin Vegetarier. Teilt ihr euch den Kram."

Öhrchen und der Computerfreak verschlangen die kalten Reste. Katzer war irritiert.

„Hier herrscht Haustierverbot. Hast Du keine Angst vor Kameras?"

„Habe ich letzte Woche samt Alarmanlage ausgeschaltet."

„Wir können es uns also gemütlich machen. Bevor wir die Hausbar plündern – was hast Du und Paco über die B1 rausgefunden?"

„Titus del Maron – also der Forscher auf dem Pott – hat versucht, den Funker der Mannschaft zur Meuterei aufzuwiegeln. Sie sollten die Seiten wechseln, um das Lager der Falangisten zu verseuchen. Hat er jedenfalls behauptet. Wahrscheinlich wollte er nur weg aus Mahon. Über die Tragweite der Aktion war sich niemand im Klaren, aber Kapitän Caplonch hat das verhindert. Ein Held und wahrer Patriot! Leider wusste er zu viel. Deshalb wurde er nach Francos Sieg auf Menorca erschossen."

„Paco hat den Kapitän wie einen Helden verehrt. Du hast gewusst, dass der Skipper 50.000€ bei sich trug. Wofür war das Geld? Warum hast Du es genommen?"

„Wir haben das gleiche Ziel verfolgt. Wir wollten einen Mann im Kriegsministerium schmieren, dessen Namen ich kenne."

„Du weißt, dass nach Dir gefahndet wird. Ich muss jetzt entscheiden, ob Du ein Mörder, ein Lügner oder ein Engel bist. Gib mir das Geld, damit es im Geiste von Paco angelegt wird. Ich werde ein gutes Wort bei Hauptkommissar Caplonch für Dich einlegen. Ein guter Mann, ganz wie sein Großvater. "

„So, Du willst also die Kohle. Und was hast Du damit vor?"

„Das meiste braucht Noa, Pacos Lebensgefährtin. Sie steckt in Tiflis fest. Versucht dort ein Medikament zu kriegen, um einen der Taucher zu retten, der unten am Wrack war."

„Und den Rest verjubelst Du?"

„Falsch. Der geht an die besten Gitanos der Welt, die Dich gefunden haben."

„Ich schulde dem Cyber-Lab noch 50 Piepen. Ein bisschen Schwund ist immer. Der Rest an Dich zu treuen Händen. Deal?"

Katzer schaute ungläubig zu, wie Ismael ein paar Plastiktüten mit vielen Scheinen aus seinem Rucksack kramte. Grinsend zweigte er einen Fünfziger für sich ab und reichte den Rest rüber.

„Stimmt so. Paco wäre zufrieden. Du hoffentlich auch."

„Kannst Du mir zufällig mit der Vorwahl für Georgien helfen. Noa braucht dringend unsere Hilfe."

Ismael nickte und schaute im Laptop nach. „Wähle 00995 plus 32 für Tiflis. Da ist es jetzt 2 Stunden später. Darf ich mitschneiden?"

Katzer verkabelte sein Smartphone, tippte die Nummer ein und lauschte gespannt. Sein Gesicht hellte sich auf, als er ein Freizeichen bekam.

„Noa, meine Schöne, wie geht es Dir . . .Hallo, hallo . . .Noa, hörst Du mich . . .“

Er brach irritiert ab. Ein Schwall russischer oder grusinischer Laute tönte ihm entgegen.

„Noa, ich verstehe Dich nicht . . . Dr. Nonnotschka Matjoschenka please . . . Dr. Matjoschenka . . .“

Endlich ihre Stimme in Spanisch. „Si, lo sentio, tut mir leid. Hier ist Noa, mit wem spreche ich?“

„Um Himmels willen, Noa, was ist los?“

„Rufus. Bist Du das? Ich hatte gerade mein Handy an Inga verliehen, die nette Institutsleiterin. . . ich meine Professor Inga Georgadze. Die wollte auf Englisch was mit unserem Klinikum in Palma klären.“

„Hört sich an wie eine multinationale Raumfahrtmission.“

„Wir haben einen Rückruf erwartet. Das Ferngespräch wäre über ihren amtlichen Festnetzanschluss zu kompliziert geworden. Ich bin am Ziel und stecke trotzdem fest. Ohne Geld geht hier gar nichts.“

„Geld spielt keine Rolle. Paco hat was hinterlassen. Funktioniert der übliche Finanztransfer?“

„Du kannst jede Summe Bargeld an die TBC-Bank schicken. Das Georgi-Eliava-Institut lebt nur noch, weil die alte Chefin hier an meiner Seite sich weigert, zu sterben. Sie bewirkt Wunder und kämpft gegen Stromausfall, Korruption und das Vergessen.“

„Du meinst, hundert Jahre Forschung stehen auf dem Spiel?“

„Die Zukunft der Menschheit ist akut bedroht.“

„Versuchen wir erst Mal, Thomeu zu retten und schauen dann weiter. Hol Dir das Geld von der Bank und sag, wenn Du mehr brauchst.“

„Die Medizin ist umsonst, aber sie muss erst hergestellt werden. Wir brauchen hier einen Generator wegen des dauernden Stromausfalls. Den gibt es nur auf dem Schwarzmarkt für viel Geld, neu von der Fabrik dauert ewig.“

Die Verbindung brach ab. Katzer wollte schnell zu seiner Bank und zur Polizei. Er bat Ismael, das Telefonat noch einmal abzuspielen und schrieb sich den Namen der Institutsleiterin Inga Georgadze auf. Das Netz gab ihr Alter mit 77 Jahren an. Die Virenbank ihres Instituts hütete fast 100 Jahre Forschung. Den wichtigsten Beitrag des kleinen Landes zur Medizin der Zukunft.

Katzer betrachtete die löchrige Hose seines Gegenübers, die er neben derben Schuhen als einziges auf dem Körper trug. Ungekämmt, vollbärtig und behaart sah er wirklich aus wie ein Yeti. Der Urmensch schaute nach der Sonne.

„Du wirst kaum noch eine Bank finden, die Dir heute Geld nach Tiflis überweist. Außerdem dauert es viel zu lange. Lass mich das über einen Transferdienst im PC für Dich machen. Ist schneller und billiger.“

Katzer stimmte zu und gab ihm seine Kontodaten.

„Wo finde ich Dich, wenn hier wieder Gäste wohnen?“

„Du erreichst mich immer über den Onyx Cyber-Lab. Derzeit brauchen sie mich noch auf Fartaritx.“

„Ein begnadeter Hacker wie Du verschwendet doch hier seine Zeit.“

„Fischerei und Schafzucht haben viel mit Computerei gemein – die Schwarmintelligenz.“

„Jetzt vermengst Du Biologie und Mathe.“

„Wusstest Du, dass verstoßene Schaflämmer von trächtigen Ziegen gesäugt werden? Als Computerfreak habe ich eine Welt außerhalb der Gitanos gefunden.“

„Wusstest Du, dass verstoßene Schaflämmer von trächtigen Ziegen gesäugt werden? Als Computerfreak habe ich eine Welt außerhalb der Gitanos gefunden.“

16. Kapitel

Katzer und Öhrchen galoppierten zurück zum Auto. Verglichen mit dem Steingewölbe von Can Hugo hatte seine Karre Backofentemperatur. Ihnen war schon vom Laufen heiß, da half auch die Klimaanlage auf Anschlag nicht. Da die Fenster geschlossen waren, ließ die Hündin sich ergeben unter den Sitz fallen. Er versuchte, seine schwarze Gefährtin zu trösten.

„Bald sind wir auf der Autobahn, dann mach ich die Kaltluft aus und öffne die Fenster." Er hielt sich streng an das Tempolimit, obwohl er seit Stunden im Polizeipräsidium erwartet wurde. Da er die Hündin nicht mit in das Gebäude nehmen durfte, hoffte er, dass seine Befragung nicht allzu lange dauern würde.

Er fand einen Parkplatz im Schatten und ließ alle Türen und Fenster für Öhrchen offen. Das verlängerte seine Verspätung wegen des Fußmarsches um weitere zehn Minuten, aber zumindest würde niemand so blöd sein, die alte Karre mit einer Wegfahrsperre in Form eines wehrhaften Rottweilers zu klauen.

Isabel wollte gerade Feierabend machen, als er ihre Tür öffnete und ein kleinlautes „Schuldigung" murmelte.

„Du warst für heute Vormittag eingeladen. Komm morgen wieder, ich mache Schluss."

„Tut mir echt leid. Aber ich habe euch viel Arbeit abgenommen. Ich bin zufällig auf den zur Fahndung ausgeschriebenen Ismael Paleti gestoßen und kann zur Klärung des Falles beitragen."

Isabel war wütend aufgesprungen.

„Wie schön. Dann ist der Fall also endlich abgeschlossen. Paleti hat gestanden, unschuldig zu sein und Du hast Dich nach Deinem Blackout endlich erinnert, Deinen Freund Paco ermordet zu haben. Kann ja mal vorkommen."

Katzer gönnte ihr den Sarkasmus. Er überlegte noch ein paar Redewendungen, die ihm in gleicher Situation eingefallen wären und ahnte, dass es mit einem kurzen Gespräch unter Freunden nicht getan sein würde. Besser, er hätte für seine Hündin einen neuen Betreuer gesucht und sich schon mal auf ein paar Jahre Knast eingerichtet.

Er wurde ruhiger, als ihm einfiel, dass Paco gar nicht ermordet sondern einem Unfall zum Opfer gefallen war. Das war amtlich, weil gerichtsmedizinisch bestätigt. Es ging lediglich darum, wer ihn in die Ruine gezerrt hatte. Darüber wollte er nichts sagen, um seinen Hacker und dessen Standort nicht zu verraten. Er entschloss sich zum Angriff.

„Gehen wir bei Caplonch vorbei, ich habe ihm was zu sagen."

„Der wird ganz wild darauf sein, Dich wiederzusehen."

Isabel kündigte im Sekretariat des Hauptkommissars ihr Kommen an und sie machten sich trotzig schweigend auf den Weg. Die Sekretärin signalisierte mit dem Daumen nach unten schlechte Stimmung und grinste. Caplonch knurrte statt einer Begrüßung nur „machen Sie's kurz."

„Stichwort U-Boot-Wrack. Der damalige Bordarzt Titus del Maron hat versucht, über den Funker der Crew bei der Mannschaft eine Meuterei gegen Kapitän Caplonch anzuzetteln. Die Mannschaft hielt aber loyal zum Kapitän und Maron hat sich gefügt."

„Woher haben Sie das?"

„Steht in den Akten des Kriegsministeriums. Fragen Sie nach."

„Den Teufel werde ich tun. Was haben Sie sonst noch zum Fall Paco Teruel beizutragen, ehe die Akte geschlossen wird?"

„Ein bedauerlicher Unfall. Mensch und Schaf sind seit Urzeiten eine Schicksalsgemeinschaft. Dies ist vermutlich der erste Fall, wo ein Mensch durch ein Schaf zu Tode kam."

„Und wie ist der Tote in die Ruine gekommen?"

„Ich erinnere mich an nichts. Vielleicht ist er selbst reingekrochen, bevor er starb."

„Hauen Sie ab. Uns wäre viel Ärger erspart geblieben, wenn die Schafe den Richtigen getroffen hätten."

„Möglich."

Katzer verabschiedete sich. Von Caplonch mit einer leichten Verbeugung, von Isabel mit einer Umarmung, die sie steif entgegennahm. Er eilte zurück zum Auto. Die Eile war grundlos. Öhrchen schlief. Er wollte Amade auszahlen und den Rest des Geldes morgen auf sein Bankkonto bringen. Die Rottweilerdame hatte sich angewöhnt, während seiner Abwesenheit auf dem Fahrersitz Platz zu nehmen. Er schob sie zur Seite, ließ sich in den Sessel fallen und rief Amade an. Er genoss es, sich nicht bei einer Sekretärin oder einer Schar von Mitarbeitern durchfragen zu müssen.

„Mein Fürst, ich hab was für Dich. Hunger hab ich auch. Wenn Du jetzt noch drei kleine Probleme für mich löst, kriegst Du Bargeld. Besorg mir einen Parkplatz in Deiner Umgebung, eine Dose Hundefutter und ein vegetarisches Restaurant."

„Nichts einfacher als das. Fahr in meinen Hof. Ich mache Platz für Dich. Du musst aber rückwärts wieder raus, hier ist kein Platz zum Wenden. Dann gehen wir zur Plaza Quartera ins ‚Plaer Natural'. Wir Dir gefallen."

„Ich komme so schnell ich kann. Wird kein Vergnügen bei dem Abendverkehr. Hauptsache, Du machst Deinen Hof frei."

Katzer leerte seine Cargohosen und machte sich ans Sortieren der Geldscheine. Zum Glück hatte Pacos Bank die Summe in selten gewordenen Hundertern und Zweihundert-Euro-Scheinen ausgezahlt. Er zählte 5000 € für Amade in eine Plastiktüte. Das war einfacher, als gedacht. Das Geld war in Banderolen gebündelt.

Als Katzer endlich den Socorro-Kirchtum als Wahrzeichen des Barrios umkreiste, fühlte er sich am Ziel einer langen Reise. Kein Viertel ohne Kirchturm, dieser hier glich dem Moonwalk von Michael Jackson und seinem Tanzschritt nach rückwärts ins *Neverland*. Oder einer Cancan-Tänzerin, die gerade ihr Bein hob.

Die Einfahrt zu Amades Hof war eng, aber nicht schlimmer als manche Straßen von Pollenças Altstadt. Der Bengel hatte viel Kram aus dem Weg geschafft, indem er das Zeug auf den Federboden eines Bettes gestapelt und per Seilzug an der Hauswand hochgezogen hatte. Der Krempel baumelte jetzt über seinem Auto und Katzer hoffte, dass er dort bleiben würde bis zu seiner Abfahrt.

Er gab Amade die Tüte mit dem Geld, leinte Öhrchen an und fragte nach dem Hundefutter. Der Gitano grinste.

„Wir besuchen das beste vegetarische Lokal von Palma. Glaub mir, die haben für jeden von uns das Passende, auch für Deine Hündin."

Die handgeschriebenen Küchentafeln im „Plaer Natural" versprachen ein vegetarisches Paradies mit überraschenden Kombinationen. Katzer gab der netten Bedienung einen skeptischen Blick.

„Hätten sie auch was Passendes für die Hündin?"

„Kein Problem, wenn Sie einen Tisch im Freien nehmen. Dort müssen wir aber um 23 Uhr schließen. Kinderteller oder volle Portion?"

Er lachte schallend.

„Sieht dieses Kalb nach Kinderteller aus? Das sind fast 40 Kilo Lebendgewicht. Aber nicht vegetarisch angefressen."

Er bestellte eine Quiche und Salat, der von Erdbeeren bis Pilzen und Käse alles bot, was seinen Gaumen erfreute. Amade nahm einen Quinoa Salat, Pasta und mexikanische Enchilada. Öhrchen versank über die anderthalb Ohren in ihrem Napf, der nicht auf der Speisekarte stand.

Er nahm einen Schluck Bio-Wein und war verlegen, dass seine Tischgesellschaft sich mit Wasser begnügen sollte. Für die Hündin kein Problem, aber was war mit seinem Kumpel, der mit 15 schon ein Mann geworden war?

„Saft, Sprudel, alkoholfreies Bier?"

Der schüttelte den Kopf. Auch die Tausender in seiner Tasche verleiteten Amade nicht zum Alkohol. Ein Mann mit Prinzipien. Rauschgift war am Rand der Gesellschaft, wo er immer gelebt hatte, ein Lebenselixier. Amade kämpfte täglich um seine Existenz. Würde er seinen Platz als „freier Unternehmer" behaupten oder zum gewinnbringenden Gifthandel umsteigen, wie viele seiner Freunde?

„Was ist mit der Hausbesetzer-Szene in eurem Barrio, mein Freund? Die meisten Okupa sind Roma wie Du. Ist das nicht ziemlich asozial?"

„Sozial oder asozial, ohne Solidarität geht die Gesellschaft kaputt. Jeder muss wohnen. Hier wie überall auf der Welt stehen Millionen von Wohnungen leer. Eine Einladung für Okupa. Auch bei uns im Töpferviertel werden viele Häuser aufgekauft und zwangssaniert."

„Besser als einstürzen lassen."

„Viele Mieter können Mietsteigerungen von 500€ auf 700€ nicht zahlen. In meinem Haus auch nicht. Wir kämpfen gegen die Zwangsräumung."

„Mit allen Mitteln?"

„Mal so, mal so. Auch Roma sind nicht alle gleich. Aber wir bleiben vernetzt."

„Auch Ismael ist ein Besetzer, aber immer sauber. Er hinterlässt keine Spuren. Deine Verbindungen haben trotzdem geholfen, ihn zu finden."

„Einer hilft dem anderen.“

„Ich haben einen Mörder gesucht und vielleicht einen Engel gefunden.“

„Schön für Dich.“

Sie nahmen einen Orangenkuchen mit Schokoladensauce zum Nachtisch. Katzer kleckerte auf den Ärmel. Er krempelte sein Hemd hoch, leinte die Hündin an und erklärte entschlossen:

„Jetzt kommt das Schwerste.“

Das schmale Auto rückwärts aus dem noch schmaleren Hof zu manövrieren glich dem Versuch, Zahnpaste wieder in die Tube zu kriegen, obwohl er beide Spiegel eingeklappt hatte. Es gelang, nachdem er die linke Seite des Wagens leicht angeschrammt hatte. Das schadete nur seinem Stolz, die Karre war ohnehin voller Beulen und Kratzer.

Im Rückspiegel sah er Amade, der den Daumen der Faust nach oben reckte. Das erinnerte ihn daran, seine Außenspiegel wieder auszuklappen, weil er ohne sie im nächtlichen Verkehr von Palma Probleme bekäme. Er stieg aus, besah sich die neue Schramme auf seiner linken Autoseite und winkte Amade.

„Hasta luego. Bleib stark!“

Bis auf die blöde Schramme im Blech war sein Tag erfolgreich gewesen. Er hatte das Gespenst von Fartaritx gefunden. Er hatte Noa den Geldhahn aufgedreht, um Thomeu zu retten. Er hatte seine Gitanoarmee in die Schlacht geführt und entlohnt. Warum keinen Schlussstrich ziehen und das verdammte Wrack vergessen?

Weil das Wrack eine Stimme hatte, als es noch kein Wrack war, höhnte das Gespenst von Fartaritx. Die B1 hatte Stimme und Ohr durch einen Funk-Maat, von dem Du nicht mal den Namen kennst. Ohne diesen Maat wäre Dein Titus stumm geblieben wie eine Schellackplatte ohne Rillen. Das nicht Denkbare denken ist eines. Die Tat braucht auch Täter und Helfer.

Katzers Ohrwurm rumorte, als sein Navy ihn durch das dämmrige Palma dirigierte. Kurz vor der Autobahn hielt er an und gab eine neue Adresse ein:

Onyx-Cyber-Lab.

Er machte sich keinen Kopf um Öffnungszeiten. Laut Amade hatte der Laden Tag 24-Stunden-Betrieb. Auch wenn der Chef nicht da war, wusste immer einer Bescheid. Hier war alles zu haben. Festplatten, Grafikkarten, Drucker, Kabel, Stecker, jedes Zubehör für historische PC`s bis zur neuesten Marke.

Im Keller war Barbetrieb, aber die Nerds saßen bis zum zweiten Stock mit Kopfhörern am Ohr und Geräten im Schoß, hämmerten auf Tastaturen oder fixierten Bildschirme. Es gab auch ein Schwarzes Brett, auf dem Nachrichten aller Art hinterlassen wurden. Er warf nur einen flüchtigen Blick auf die Verfallsdaten. Eiliges wurde durch Stammkunden von Mund zu Mund transferiert oder per Net-Call verbreitet. Er fragte nach LeviAthan. Der Angesprochene schüttelte nur den Kopf.

„Bitte call Deva betreffend B1. Morgen 16 Uhr.“

Der Typ nickte stumm und hämmerte weiter. In diesem Bunker war alles Jetzt-Zeit. Gestern und Morgen waren in Clouds gespeichert und abrufbar. Nichts ging verloren, nichts war wirklich da. Jedenfalls nicht außerhalb dieses Cyber-Raums. Katzer zweifelte plötzlich, Ismael jemals wiederzusehen. Er traf ihn weder am folgenden Tag noch am Tag darauf. Vielleicht brauchte man eine Spezialbrille, am ihn zu sehen. Er gab sogar Ismaels Codenamen ‚Deva‘ in den Browser, nur um zu erfahren, dass es sich um einen Begriff aus dem Sanskrit handelte. Eine indische Gottheit, dem Werden und Vergehen zugewandt, dem Leben und Beschützen alles Organischen. Offenbar entsprangen Elfen und Faune der gleichen Wurzel.

Die Wahrheit ist manchmal ein Schlag in die Fresse.

Am nächsten Tag spazierte er ziellos durch sein Dorf, gedankenlos nach rechts und links grüßend, und erwog gerade, noch einmal nach Fartaritx zu gehen, als sein Handy klingelte. Es war Pilar, Thomeus Frau. Ihre Stimme klang versteinert.

„Thomeu ist eben gestorben. Ich rufe aus der Klinik an. Noa ist bei uns, aber sie konnte nichts mehr für ihn tun."

„Das ist entsetzlich. Ich fühle mich tief mit Dir verbunden. Wir haben wirklich alles versucht. Gib mir bitte kurz Noa, ich habe noch eine Frage."

„Sie schüttelt den Kopf. Will später mit Dir sprechen, entschuldige . . ."

 Die Verbindung war unterbrochen.

Er fühlte sich wie betäubt, ging ziellos weiter und traf den spitznasigen Küster von Pollença, den er nicht mochte wegen seines stereotypen Grinsens. Doch heute intonierte der Mann inbrünstig und fremdartig zugleich auf dem Weg zur Kirche eine gregorianische Weise im Duett mit einem jungen Glaubensbruder. Katzer verschlug es den Atem. Die beiden kümmerten sich nicht um die übrigen Passanten. Er ging ihnen nach und blickte zufällig auf eine Notiz am Hintereingang der Kirche. Glutenfreie Hostien im Angebot. Er lachte hysterisch.

Paco tot. Tino tot. Thomeu tot. Aber Noa heil aus Georgien zurück. Warum hüllte sie sich in Schweigen? Er wählte ihre Handynummer und bekam die Tonbandauskunft, sie sei nicht erreichbar.

„Ruf mich bitte schnellstmöglich zurück!"

Er saß eine Stunde tatenlos auf seiner Dachterrasse, dann sprang er auf und rannte aus dem Haus. Sein Stammplatz im Schatten der Placa beim Can Moixet war frei. Er bestellte einen Cortado. Während er wartete, wählte er wieder Noas Nummer. Sie blieb unerreichbar. Seine Welt hatte einen Sprung. Ihn überkam der unheimliche Gedanke, dass sein Gedächtnisschwund nach dem Unfall mit der Schafherd noch gar nicht vorbei war und er den Rest seines Lebens bis heute nur geträumt hatte. Das Gefühl eines greifbaren Unheils wurde übermächtig. Wie neulich, als er die Briefbombe von ihrer Nachbarin abgeholt hatte. Er verdrängte die panikartige Kettenreaktion, die das ausgelöst hatte und sprach auf ihren AB. „Bin auf dem Weg in Deine Wohnung. Fürchte das Schlimmste.“

Er holte sein Auto und fuhr die wenigen Kilometer nach Port Pollenças Neubauviertel Son Gotleu. Ihn beherrschte der Gedanke, zu spät zu kommen. Er raste die Außentreppe zum ersten Stockwerk hinauf und klingelte Sturm an ihrer Haustür. Nichts geschah. Er starrte einen Moment auf die Neubautür in ihrem adretten Rahmen. Dann trat er sie ein. Er hatte die richtige Stelle getroffen und brauchte nur einen einzigen Tritt. Er ging schnell rein, zog die zersplitterte Tür hinter sich zu und lauschte. Weder aus dem Inneren der Wohnung noch von der Nachbarin kam eine Reaktion.

Er griff die hölzerne Vorhangstange über der Eingangstür als Waffe und ging durch die zwei Zimmer, das Bad und die Küche. Alle Räume waren so leer wie bei seinem letzten Besuch, nur etwas staubiger. Er legte die Stange auf die Anrichte neben der Kochplatte und begann, systematisch zu suchen. Die Küche war längere Zeit nicht benutzt worden. Noa war seit ihrer Rückkehr aus Georgien offenbar nicht wieder heimgekommen.

Auch in ihrem Zimmer war alles unverändert. Kleider, Schals und Wäsche lagen ordentlich an ihrem Platz. Er setzte sich auf den Hocker an ihrem Frisiertisch und genoss einen Moment das vage Gefühl, mit ihr zusammen zu sein. Dann durchsuchte er die Kommode an ihrem Frisiertisch und fand eine Schublade mit unsortierten Fotos. Er schaute sie nacheinander an. Die meisten sagten ihm nichts. Ein paar Schnappschüsse aus Galicien, Aufnahmen auf dem Zodiac und im Tauchanzug, viele Bilder mit Paco und Freunden. Zwei Abzüge ließen ihn stocken. Ein Gruppenfoto zeigte Paco und Ismael neben anderen Leuten am Strand, auf einem anderen legte Ismael seine Hand auf die

Schulter einer lachenden Noa. Katzer hätte ihn fast nicht erkannt. Er war auf dem Foto rasiert und trug seine Haare kürzer. Seine Augen hatten etwas Weibliches, das Katzer nie an ihm aufgefallen war. Auf einmal machte sein Spitzname Deva Sinn. Göttin des Lebens. Katzer kannte eine Malerin, die sich so nannte. Sie war vor kurzem gestorben. Aber wo war Noa? Er griff erneut zum Handy und rief ihren AB an.

„Deine Tür geht auf meine Rechnung. Beauftrage einen Tischler. Bin in Sorge. Wo bist Du?"

Er zog die kaputte Wohnungstür so gut wie möglich zu, froh, die Nachbarin nicht getroffen zu haben und fuhr nach Hause. Zu viele Menschen, die ihm nahestanden, waren verschwunden.

Er zog sich eine Woche in seine vier Wände zurück, um nichts zu tun. Nachdem seiner Vorräte erschöpft waren, fuhr er zum Supermarkt außerhalb des Dorfes. Er war gerade ausgestiegen, als auf dem Parkplatz eine Autotür geöffnet wurde und eine Frau im schwarzen Kostüm ihre Beine aus ihrem Nissan schwang. Alles an ihr war ein Ereignis. Nicht nur die hochhackigen Schuhe.

Ihr Kostüm, ihre Bewegung, der königliche Auftritt und vor allem ihr Kopf, der etwas Ägyptisches hatte, verliehen ihr Unnahbarkeit. Er war kahl rasiert und gab dem Gesicht eine priesterliche Würde. Im Gegensatz zu ihrem Begleiter erkannte er sie nach einer Schocksekunde fast sofort. Es war Frau Dr. Nonnotschka Matjoschenka, genannt Noa, oder zumindest ein gelungener Nachbau von ihr.

Katzer ging zögernd auf sie zu und rief ihren Namen. Er rechnete nicht wirklich mit einer Reaktion. Aber sie drehte sich zu ihm um, erkannte ihn offenbar und lächelte. Er gab sich Mühe, normal zu klingen.

„Warum hast Du Dich seit Deiner Rückkehr nicht mehr gemeldet? Nach allem, was wir erlebt haben, habe ich das Schlimmste befürchtet."

Alles an ihr war anders. Von ihr ging ein kalter Hauch aus, der ihn stocken ließ. Ihr Gesicht blieb bewegungslos, als sie mit fremder Stimme zu sprechen begann.

„Ich kann nicht akzeptieren, dass alles vergeblich war. Ich mag mich nicht mehr im Spiegel sehen. Seit meiner Rückkehr aus Tiflis bin ich nicht mehr ich selbst." Sie machte eine Geste der Ratlosigkeit.

„Darf ich Dir übrigens einen alten Bekannten vorstellen", wandte sie sich zu dem Mann, der an ihre Seite getreten war. „Ismael Paleti. Er ist Fischer wie Paco."

Katzer sah den Mann an, der seine Haare jetzt fast so kurz wie Noa trug. Es gab keinen Zweifel. Vor ihm stand Deva, wie sein spiritueller Name lautete.

„Wir kennen uns. Ich dachte, er wäre Schäfer. Oder Computerfreak. Habt ihr ein gemeinsames Schweigegelübde abgelegt oder was?"

Beide schauten peinlich betreten.

„Was immer wir hätten sagen können, es wäre nicht das Richtige gewesen."

„Egal. Hauptsache ihr lebt noch und es geht euch gut. Tut mir leid mit der Tür. Ich dachte wirklich, Noa ist was passiert."

„Kein Problem. Ismael hat sie wieder repariert."

„Seid Ihr jetzt zusammengezogen?"

Katzer gab sein Bestes, die Frage so beiläufig wie möglich klingen zu lassen.

Beide nickten.

„Cool. Dachte schon, ich hätte die Deva-Connection für immer verloren. Muss dringend noch was mit Dir klären, Ismael. Habt Ihr Zeit für einen Kaffee oder Drink? Gleich hinter dem Supermarkt ist die Finca 49. Nette Bedienung und mexikanische Karte. Besser, als auf dem Parkplatz zu plaudern. Ihr seid meine Gäste. Lasst mich nicht hängen. Einkaufen können wir später."

„In Ordnung. Muss bloß schnell mein Pad aus dem Auto holen."

Er öffnete den viertürigen Nissan und griff sein Spielzeug.

„Schönes Teil." Katzer zollte dem Wagen seine Bewunderung.

„Gebraucht. Eine Gelegenheit. Wir haben dafür den Zodiac samt Ankergestell verkauft."

„Wie das? Macht Ihr nicht mehr zusammen die Tauchschule auf?"

Sie schüttelten den Kopf.

„Hast Du nicht gehört? Alcudia hat seine Meeresschutzzone ausgeweitet. Sie umschließt nun das ganze Gebiet, wo die B1 auf Grund liegt. Das Tauchen ist dort jetzt generell verboten."

„Soll das ein Witz sein? Ich kann's nicht glauben."

Katzer lachte hysterisch.

„Niemand wird die B1 je wieder besuchen. Wir waren die letzten. Für Tino und Thomeu kommt die Regelung leider zu spät."

„Du musst Dir keine Vorwürfe machen, Noa. Du hast das Menschenmögliche getan."

„Trotzdem bitter für uns alle. Immerhin bin ich jetzt Expertin für Bakteriophagen. Ein im Westen noch wenig erforschtes Gebiet. Die Uniklinik in Palma hat mich als wissenschaftliche Assistentin eingestellt."

„Gratuliere, Frau Doktor. Hast Du dafür Deine roten Haare geopfert?"

„Nope. Konnte nur meinen eigenen Anblick nicht mehr ertragen."

„Steht Dir aber gut. Du siehst aus wie eine Klosternovizin. Gefällt mir, die neue Noa."

„Danke."

Katzer nahm Abschied von dem elektrischen Gefühl, als ihre Fingerspitzen sich berührt hatten. Die Finca 49 war der passende Ort für die Beisetzung seiner konfusen Befindlichkeiten. Das Beste an ihr war der Parkplatz im Schatten.

Sie hatten an einem der Holztische Platz genommen, die ohne Sonnenschutz waren. Ganz nett, aber viel zu heiß. Katzer wollte schnell wieder weg. Er nahm einen Cortado und frisches Obst, die beiden bestellten einen Angel d'Or auf Eis.

„Was ich Dich noch fragen wollte, Ismael, Deva oder wie immer Du heißt – wie oder durch was bist Du eigentlich bei unserem U-Boot ins Spiel gekommen? War es Zufall oder Bestimmung, was Dich und Paco zusammengeführt hat?"

Katzer sah in den Pool der Cafeteria, als ob dort die Lösung des Rätsels liegen würde. Der Pool glotzte grün und gelangweilt zurück.Ihm fiel ein, dass sie Titus Tauchfilm ins Netz gestellt hatten. Aber Ismael nahm keinen Bezug darauf.

„Familientradition. Mein Großvater war der Funker auf der B1. Ich beherrsche heute noch das Morsealphabet."

„Wahnsinn. Das ist verrückt. Vielleicht haben wir am falschen Ende zu suchen begonnen. Erzähle."

„Egal wo man anfängt. Die Geschichte von Titus und seinem Funkmaat gehören zusammen. Erst der Funker hat dem Forscher die Stimme gegeben."

„Genau. Das war der springende Punkt in meinen Recherchen."

„Mein Großvater war nicht nur ein Meister des Morsegeräts. Er hat für Titus auch die internationalen Telefonkontakte unterhalten. Für die Telefónica standen nicht nur im Kriegshafen Mahon während des Bürgerkrieges die Leitungen in alle Welt offen. Telefon war eigentlich ein Privileg der Reichen."

„Und wie hat er die Kapitulation des Kriegshafens überlebt?"

„Er landete im Knast. Das war schlimm."

„Kann ich mir denken."

„Die Festung La Mola auf Mahon ist Francos schlimmstes Foltergefängnis gewesen. Dort wurden Hunderte erschossen.

Aber Titus hat Großvater Alfredo mit seinem Einfluss wieder rausgeholt. Nicht nur das. Er wurde in den Dienst des Kriegsministeriums eingeschleust, in den Vorläufer des Centro Criptográfico Nacional. Da war er für die Verschlüsselung empfindlicher Daten des Staates zuständig.“

„Das liegt wohl bei euch in der Familie.“

„Wir sind immer noch Roma. Ich hatte mich auch mal als Spezialist gegen Cyber-Kriminalität beworben. Sie haben mich bei EC3 nicht genommen, weil ich Gitano bin.“

„Versuchs noch mal. Spanien braucht Spezialisten wie Dich. Ich habe einen Freund bei Interpol und lege ein gutes Wort für dich ein. Bei der EC3 bist Du richtig. Die Schafe kommen ohne Dich aus.“

Noa legte ihre Hand auf Ismaels schmale Finger und lächelte ermutigend.

„Höre auf Katzer. Er macht keine leeren Worte.“

Der nahm ihre Anerkennung dankbar zur Kenntnis. Mehr war nicht drin. Vielleicht solle er nächstes Jahr wirklich Ismaels Job bei den Schafen in Fartaritx übernehmen. Schließlich war er einer der wenigen auf der Insel, die mit Fug und Recht von sich sagen konnten, dass die Schafe auf ihn standen.

Danksagung

Dem Berliner Journalisten, Wühler und Unruhestifter Rufus Katzer ist es nie gelungen, sich auf Mallorca wirklich zur Ruhe zu setzen. Seine Abenteuerlust hat ihn in Bewegung gehalten. Viele in seinen Krimis beschriebenen Begegnungen und Ereignisse hat er hautnah erlebt. Gleich die Eingangsepisode von „Tödlicher Strudel" mit Mallorcas Schafen sind eine schmerzliche Erinnerung geblieben.

Sein Anspruch war und ist es, authentisch zu sein.

Die im 5. Mallorca-Krimi beschriebenen Geschehnisse beruhen wie immer auf gründlicher Nachforschung. Der Mikrobiologe Felix D'Hérelle hat als Entdecker der Phagenforschung Geschichte gemacht. Sein wissenschaftliches Pendant aus dem legendären spanischen U-Boot B1, Titus de Maron Mendoza alias Fresco Cortes, ist eine Erfindung des Autors. Die deutsche Übersetzung seines Nachnamens „von Braun" erinnert jedoch nicht zufällig an den Erfinder der Atombombe.

Über Florindo, genannt „El Santo", den Kopf der galicischen Mafia, findet der interessierte Leser alles in dem in 16 Sprachen übersetzten Enthüllungswerk „Fisch Mafia" von Eskil Endal. Die Sea-Shepherds haben diese schillernde Persönlichkeit durch unerbittliche Verfolgung bloßgestellt und die Ohnmacht der spanischen Justiz offenbart.

Etliche meiner Freundinnen und Gefährten haben mir geholfen, durch Besuche und Fotos die Orte meiner Abenteuer wieder lebendig zu machen. Juliane Gassert, die Mallorca fast so lange kennt und so sehr liebt wie ich, hat für mich noch einmal die alte Schafs-Herberge Fartaritx besucht und fotografiert. Ohne ihre klugen Ratschläge und Ermunterungen wäre ich steckengeblieben.

Unentbehrliche Hilfen bei der Textgestaltung waren auch der Künstler Jörg Loewner und der Informatiker Jan Rütten.

Die Eigentümer der Prachtvilla Can Hugo mögen mir verzeihen, dass ich ihr 20-Millionen-Schloß außerhalb Pollenças für meine Geschichte vereinnahmt habe. Eine traumhafte Residenz, die immer einen Besuch wert ist.

Meine Designerin Maike Cronemeyer hat gerade rechtzeitig ihren Besuch in Japan beendet, um den Entwurf für das Cover von „Tödlicher Strudel" zu entwerfen. Ihre Inspiration durch japanische Künstler war sicher ein Gewinn für uns alle.

Der 5. Mallorca-Krimi von Rufus Katzer reiht sich in die Chronologie seiner Vorgänger ein, deren Handlungsträger in allen Bänden weiterleben. Jede Geschichte ist in sich abgeschlossen, berücksichtigt jedoch die vorangegangenen Ereignisse. Die bisherigen Katzer-Krimis sind als E-Book und Taschenbuch online über folgende Links erhältlich:

„Fiesta mit Leiche"
https://www.epubli.de/shop/autor/Rufus-Katzer/11145

„Der Mann mit dem Frettchen"
https://www.amazon.de/Mann-mit-dem-Frettchen-Mallorca-Krimi/dp/1517695368/

„Mallorca mortale"
https://tredition.de/autoren/rufus-katzer-23825/mallorca-mortale-paperback-103334/

„Der Indalo Code"
https://www.epubli.de/shop/buch/der-indalo-code-rufus-katzer-9783745080155/71161